Frères de guerre

Catherine Cuenca

Frères de guerre

Worterklärungen von
Laure Boivin

Ernst Klett Sprachen
Stuttgart

1. Auflage 1 ⁵⁴³² | 2024 23 22 21

Alle Drucke dieser Auflage sind unverändert und können im Unterricht nebeneinander verwendet werden.
Die letzte Zahl bezeichnet das Jahr des Druckes. Das Werk und seine Teile sind urheberrechtlich geschützt. Jede Nutzung in anderen als den gesetzlich zugelassenen Fällen bedarf der vorherigen schriftlichen Einwilligung des Verlages.

Die in diesem Werk angegebenen Links wurden von der Redaktion sorgfältig geprüft, wohl wissend, dass sie sich ändern können.
Die Redaktion erklärt hiermit ausdrücklich, dass zum Zeitpunkt der Linksetzung keine illegalen Inhalte auf den zu verlinkenden Seiten erkennbar waren. Auf die aktuelle und zukünftige Gestaltung, die Inhalte oder die Urheberschaft der verlinkten Seiten hat die Redaktion keinerlei Einfluss. Deshalb distanziert sie sich hiermit ausdrücklich von allen Inhalten aller verlinkten Seiten, die nach der Linksetzung verändert wurden. Diese Erklärung gilt für alle in diesem Werk aufge- führten Links.

© Für die Originalausgabe: Catherine Cuenca, *Frères de guerre*, Flammarion, 2011
© Ernst Klett Sprachen GmbH, Rotebühlstraße 77, 70178 Stuttgart 2020.
Alle Rechte vorbehalten.
www.klett-sprachen.de

Worterklärungen von Laure Boivin

Redaktion: Anne-Sophie Guirlet-Klotz
Layoutkonzeption: Elmar Feuerbach
Gestaltung und Satz: Joachim Schrimm, bostext, 71292 Friolzheim
Umschlaggestaltung: Andreas Drabarek
Titelbild: ullstein bild - adoc-photos
Bild S.149: © Catherine Cuenca
Druck und Bindung: Plump Druck & Medien GmbH, Rheinbreitbach

Printed in Germany

ISBN 978-3-12-592343-0

Table des matières

Chapitre 1

Un rêve de gloire

Cet après-midi du 1ᵉʳ août 1914, après la sieste, j'ai sorti Grison de son écurie pour le conduire chez le maréchal-ferrant. Grison, c'est un grand percheron à la robe couleur d'acier. Cela fait
5 quelques jours qu'il boite : ses fers arrière sont tout usés.

– Hâte-toi de le montrer à Marceau, m'a dit le père Fayolle. On a besoin de lui pour les labours.

Il n'a pas eu à le répéter. Je tiens beaucoup à Grison. Depuis que j'ai été engagé comme garçon de ferme chez Fayolle, le plus
10 gros propriétaire de Saint-Pothin, nous sommes inséparables, toujours par les chemins, à conduire les charrettes remplies de foin ou de blé, les tombereaux de bois ou de fumier… Alors, forcément, je n'aime pas le savoir mal en point. C'est comme si j'étais un peu malade, moi aussi.

15 Quand je débouche au carrefour des Quatre-Chemins, il fait un soleil de plomb. La sueur perle au bout de mes cheveux et coule sur mon front. J'entends déjà les bruits de la forge, les coups réguliers du maillet sur le métal tiré du feu. De l'angle du café du Coin, j'aperçois l'atelier du père Marceau et, devant les
20 portes grandes ouvertes, Matthias qui verse un seau d'eau sur une roue encore fumante.

– Salut, Eugène !

---

2 **la sieste** une pause l'après-midi pour dormir un peu – 3 **une écurie** Stall –
3 **un maréchal-ferrant** Hufschmied – 4 **un percheron** Kaltblutpferd – 4 **l'acier** m
Stahl – 5 **boiter** hinken – 5 **un fer (à cheval)** Hufeisen – 6 **se °hâter** faire vite –
7 **le labour** ici : Pflügen – 11 **une charrette** Karren – 12 **le foin** Heu – 12 **le blé**
Weizen – 12 **un tombereau** ici : Sturzkarren – 12 **le fumier** Mist, Dung – 16 **il fait un
soleil de plomb** m es ist drückend heiß (**le plomb** Blei) – 16 **la sueur** Schweiß –
17 **une forge** Schmiede – 18 **un maillet** Holzhammer – 20 **un seau** Eimer – 21 **une
roue** Rad

Je suis content de le voir. Matthias, mon ami d'enfance, est un grand type costaud à l'épaisse tignasse brune. Du plus loin que je me souvienne, nous avons toujours été fourrés ensemble : dans les jeux, les bagarres et les bêtises, jusque sur les bancs de
5 l'école.

– C'est ton Grison qui t'amène ? s'enquiert-il joyeusement. C'est pour… Attends !

Il s'est interrompu, l'index en l'air. Plus haut dans le village, les cloches de l'église se sont mises à sonner.

10 J'ai envie de rire :

– Qu'est-ce qui te prend ?

– Écoute…

Je tends l'oreille à mon tour. Les coups tombent, pressés et redoublés, alarmants : le tocsin.

15 Matthias me regarde, perplexe.

– Un incendie ?

– Tu crois ?

– Ça m'étonnerait !

Je me retourne. Campé à l'entrée de la forge, le père Marceau
20 tortille son épaisse moustache en grognant d'un ton entendu.

– C'est sûrement la guerre !

– La guerre ?

Le gros forgeron lève les yeux au ciel.

– Eh oui ! Depuis le temps qu'on en parle… Restez pas plantés
25 là, avec vos airs ahuris. Allez donc voir !

Matthias m'aide à attacher Grison et nous partons. Je me sens bizarre en me répétant les mots du père Marceau.

La guerre. Est-ce possible ?

J'ai une espèce de boule d'angoisse à l'estomac. Matthias se
30 tait, lui aussi.

---

2 **costaud** fort – 2 **la tignasse** *fam* les cheveux – 8 **l'index** *m* Zeigefinger – 9 **une cloche** Glocke – 14 **le tocsin** *vx* Alarm-/Feuerglocke – 16 **un incendie** Feuer, Brand – 19 **campé** debout – 20 **tortiller** *ici :* zwirbeln – 20 **grogner** murren – 20 **un ton entendu** le ton de qn qui sait ce qui va arriver – 24 **rester planté là** rester debout sans bouger – 25 **ahuri** verblüfft – 29 **l'angoisse** *f* la peur

Faustine, la propriétaire du café du Coin, est à sa fenêtre.

– Vous savez ce qui se passe, les garçons ?

– Le patron dit que c'est la guerre, répond Matthias.

Nous remontons la Grand-Rue en courant. Les cloches
5 sonnent toujours et les gens se dirigent, par petits groupes, vers
la place du village. Bon nombre de personnes discutent déjà
bruyamment devant la mairie.

M. Louis, notre ancien instituteur, vient à notre rencontre le
sourire aux lèvres.

10 – Ah ! mes enfants !

Il nous prend par les épaules, chacun à notre tour, comme le
jour où il nous a annoncé que nous avions réussi notre certificat
d'études.

– La mobilisation générale a été décrétée ce matin. L'heure
15 de la revanche a enfin sonné.

Je regarde Matthias, stupéfait. Le père Marceau avait raison !
C'est la guerre. Mais je n'ai pas le temps de réaliser : Matthias
me tire par le bras.

– Viens ! Allons prévenir les autres.

20 Et nous repartons en courant.

Je n'en revenais pas. Elle avait fini par éclater, cette guerre
dont tout le monde parlait et que j'attendais sans vraiment y
croire. Quand j'étais à l'école, il était souvent question de celle
de 1870, qui nous avait opposés, nous Français, aux Prussiens.
25 Leur victoire avait été humiliante : nous avions dû leur céder
l'Alsace et la Lorraine, deux provinces qui nous revenaient de
droit. M. Louis les avait entourées de noir sur la carte de France
accrochée au mur. Fréquemment, à l'occasion de ses cours
d'histoire, il plaignait leur triste sort. La revanche viendrait un

---

7 **bruyamment** → le bruit – 7 **la mairie** Rathaus – 8 **un instituteur** un professeur
en école primaire – 12 **le certificat d'études** vx certificat qu'on obtenait à la fin de
l'école primaire – 16 **stupéfait** très surpris – 21 **ne pas en revenir** être très surpris –
25 **humiliant** demütigend – 25 **céder** *ici :* donner – 29 **plaindre** bedauern – 29 **le sort**
Schicksal

jour, tout le monde en était persuadé. Puis, au début de l'été, on avait appris l'assassinat d'un archiduc, François-Ferdinand, à Sarajevo dans les Balkans. À travers un jeu compliqué d'alliances entre les pays d'Europe, il se disait qu'on pourrait en
5 venir à une guerre. Les anciens du village balayaient ces rumeurs d'un revers de main :

– Bah ! Ça se calmera, comme toujours.

La revanche n'était pas pour demain. Pourtant, en ce 1er août 1914, elle était finalement venue. Et je sentais monter en moi
10 une grande excitation à l'idée de ce que nous allions vivre.

Jamais Saint-Pothin n'a connu une telle animation, même les jours de fête. Dimanche matin, le village tout entier est assemblé sur la place pour lire les avis de départ des mobilisés que le maire a affichés sur la porte de la mairie. Il y en a des dizaines.
15 Tous les hommes de plus de vingt ans doivent partir, soit pour former des troupes fraîches, soit pour intégrer des divisions de réserve. Adrien, le frère aîné de Matthias, devait commencer son service militaire en septembre. Son appel est avancé d'un mois. Je lis la déclaration du président de la République qui
20 figure à côté des listes :

La mobilisation n'est pas la guerre. Dans les circonstances présentes, elle apparaît au contraire comme le seul moyen de sauver la paix dans l'honneur de la patrie.

Personne ne s'y trompe. La guerre est déjà là, dans les esprits,
25 et tout le monde a son mot à dire.

L'après-midi, au café du Coin, on lit les journaux, on discute les déclarations du gouvernement, on prédit l'avenir. Matthias et moi, nous nous passons des cigarettes en écoutant les anciens et ceux qui vont partir pour une lutte héroïque.

---

1 **persuadé** sûr – 2 **un assassinat** Ermordung – 2 **un archiduc** Erzherzog – 5 **balayer** *ici :* ausräumen – 13 **un avis** *ici :* Bekanntmachung – 23 **la patrie** Vaterland – 24 **s'y tromper** *ici :* sich täuschen lassen – 29 **une lutte** un combat

– On va les renvoyer chez eux à grands coups de pied au cul, ces barbares d'Allemands ! beugle le père Marceau après trois ou quatre verres de Pernod.

Tout le monde applaudit et je me sens gagné par l'enthousiasme. Quelle chance de connaître un tel événement ! Après des décennies d'attente, notre pays va enfin montrer de quoi il est capable et prendre une revanche bien méritée.

Seul M. Nicolas, notre facteur, reste pensif :

– On aurait quand même pu éviter d'en arriver là. Si on n'avait pas tué Jaurès*...

– Allons, allons, Nicolas !

Le père Marceau lui sert un verre pour le faire taire. À la fin de la journée, il crie avec nous :

– À Berlin !

Et moi, je chante à tue-tête sur le chemin de la maison.

La maison, ce sont trois pièces de la longue bâtisse de pisé, rue de la Gare, où j'habite avec ma mère et mon frère Jean-Marie, depuis la mort de notre père, décédé d'une pneumonie quand nous étions tout petits. Ma mère est lingère et elle travaille dur pour payer le loyer. À la maison, nous ne sommes pas bien riches, mais mon frère et moi n'avons jamais manqué de rien. Et depuis que je travaille, moi aussi, les choses vont mieux.

La porte de la cuisine est ouverte. Ma mère est en train de remuer la soupe sur le fourneau et mon frère met le couvert. J'entre en criant :

– À Berlin !

Ma mère se retourne et me fait les gros yeux.

---

* Né en 1859, le *député* (Abgeordneter) socialiste et *pacifiste* (→ la paix) Jean Jaurès milite pour *l'apaisement* (Beruhigung) des relations entre la France, l'Allemagne et leurs alliés. Son assassinat, le 31 juillet 1914, par un nationaliste favorable à la guerre, mit fin aux dernières tentatives pour sauver la paix en Europe.

2 **beugler** crier – 6 **une décennie** dix ans – 7 **mérité** verdient – 8 **un facteur** Briefträger – 15 **à tue-tête** lauthals – 16 **une bâtisse** un bâtiment, une maison – 18 **une pneumonie** Lungenentzündung – 19 **une lingère** une femme dont la profession est de laver le *linge* (Wäsche) – 24 **remuer** *ici* : rühren – 24 **un fourneau** Herd

– Tu as bu, Eugène.

– Non.

Ce n'est pas tout à fait vrai. La liqueur de cassis de Faustine a circulé et j'y ai goûté, comme tout le monde. Mais si peu…
5 Je suis parfaitement lucide.

– Ne me mens pas, Eugène. Tu es rouge comme une pivoine.

Je jette un coup d'œil dans la glace du buffet. Je suis tout échevelé et mes yeux noirs brillent comme deux agates dans mon visage enfiévré.

10 Je hausse les épaules :

– C'est la course depuis le café. Avec Matthias on a chanté à la victoire.

Ma mère ne répond rien. Jean-Marie, flottant dans une blouse trop large pour lui, dispose les assiettes d'un air sérieux.
15 J'avise le cahier et le plumier posés sur une chaise. Mon frère a onze ans. Il n'entrera au collège qu'en octobre. Pourtant, il s'y prépare déjà. J'imagine qu'il a passé l'après-midi à réviser. Des heures de travail rythmées par le tic-tac paisible de l'horloge pendant que je fumais et chantais sur la terrasse du café bondé…
20 Je ne comprends pas : comment peut-on faire comme si rien n'était arrivé ? Ma mère sert la soupe en silence. J'aime son visage ovale, régulier, la courbe fragile de son cou sur lequel pèse un lourd chignon. Mon frère et moi tenons d'elle nos traits fins et nos cheveux châtains ; j'ai hérité de sa fossette au menton
25 et Jean-Marie de ses pommettes. Mais ce soir-là, son front est barré d'une large ride. Et il n'y a aucune joie dans ses yeux.

Tant pis. Je suis trop enthousiaste pour me taire !

– Eh ! Jeannot. Tu savais que le fusil Lebel peut atteindre un ennemi à presque deux kilomètres ?

---

5 **lucide** *ici :* qui pense clairement (qui n'a pas trop bu) – 6 **une pivoine** Pfingstrose –
8 **échevelé** zerzaust – 8 **une agate** Achat – 9 **enfiévré** qui a de la *fièvre* (Fieber),
ici : rouge et excité – 10 °**hausser les épaules** *fpl* mit den Schultern zucken –
11 **une course** → courir – 14 **une blouse** Kittel – 15 **aviser** remarquer – 15 **un plumier**
Federmäppchen – 18 **une horloge** Uhr – 19 **bondé** plein – 23 **les traits** *mpl*
Gesichtszüge – 24 **hériter** erben – 24 **une fossette** Grübchen – 25 **les pommettes** *fpl*
Backenknochen – 26 **une ride** Falte – 27 **tant pis** sei es drum – 28 **un fusil** Gewehr

Mon frère cesse de manger, la cuiller en l'air.

– Ce n'est pas vrai.

– Si : c'est les journaux qui le disent. Et le canon de 75 tire jusqu'à vingt-huit coups par minute.

5 – Tu rigoles !

Jean-Marie me fixe, incrédule. Je tiens mon auditoire. Je me penche un peu plus.

– Et puis, nos baïonnettes sont plus dangereuses que celles des Allemands. On va leur mettre une raclée ! Ils seront renvoyés

10 chez eux peut-être avant que tu reprennes l'école.

– Tu as fini de lui farcir la tête avec ces horreurs ? coupe ma mère. Tu ne vois pas qu'une guerre, c'est un des pires malheurs qui puissent nous arriver ?

C'est la voix des jours où l'on ne plaisante pas. Jean-Marie

15 replonge le nez dans son assiette et je me tais, bien que je ne sois pas d'accord. Je suis convaincu que, pour la première fois, ma mère a tort, mais je redoute trop sa colère pour lui tenir tête. Si la guerre est un malheur, pourquoi tout le monde se réjouit-il ? Ce sont les Allemands, au contraire, qui doivent avoir peur.

20 Nous allons venger notre honneur et les punir comme ils le méritent.

Je me prends à imaginer des faits d'armes héroïques ; toute la soirée, et jusque tard dans la nuit, longtemps après avoir regagné mon lit, je vois des soldats charger sabre au clair. Les

25 baïonnettes brillent, les balles fusent et les Allemands s'enfuient à toutes jambes à travers champs tandis qu'un soleil éclatant, aussi rond et doré qu'une orange, se lève pour saluer la victoire.

---

6 **incrédule** qui a du mal à y croire – 6 **tenir son auditoire** *m* avoir l'attention des gens qui écoutent – 7 **se pencher** sich beugen – 9 **une raclée** *fam* Schlappe – 11 **farcir** remplir (füllen) – 14 **plaisanter** faire des blagues, rigoler – 17 **avoir tort** *m* ≠ avoir raison – 17 **redouter qc** avoir peur de qc – 17 **tenir tête à qn** jdm die Stirn bieten – 18 **se réjouir** être joyeux – 20 **venger** rächen – 20 **punir** bestrafen – 22 **un fait d'armes** *fpl* une action guerrière – 24 **charger** attaquer – 24 **sabre** *m* **au clair** mit gezogenem Säbel, *ici : fig* sans protection et sans cacher ses intentions – 25 **une balle** *ici :* Kugel – 25 **qc fuse** es hagelt etw

L'Allemagne nous déclare officiellement la guerre le lendemain. En allant prendre mon travail chez le père Fayolle, je croise Matthias et sa mère qui accompagnent Adrien à la gare. Il n'emporte qu'une musette. À la caserne de Vienne, où la

5 plupart des hommes du village doivent se présenter, on lui fournira son équipement.

Beaucoup d'autres mobilisés partent en même temps que lui : il se forme un bel attroupement sur le quai. En attendant le train, certains ont bu quelques verres au café voisin. Le quartier

10 résonne de rires et de hourras.

Le Tacot, une sorte de tramway qui relie les villages du pays à Vienne, apparaît enfin au bout de la voie. Des mains s'agitent par les vitres baissées :

– À Berlin !

15 La mère d'Adrien pleure en lui disant au revoir. Je suis un peu ému moi aussi, mais pas pour les mêmes raisons. Je me dis qu'il va vivre une belle aventure.

Adrien a conscience de sa chance. Il rit. Puis il nous serre la main, à Matthias et à moi :

20 – Aux vendanges, les gars !

Ses compagnons et lui continuent d'agiter la main et de crier « À Berlin ! » jusqu'à ce que le train disparaisse à l'angle du café de la Gare. J'ai déjà hâte qu'Adrien revienne pour nous raconter ses exploits. En attendant, je dois courir sur le chemin de la

25 ferme Fayolle pour rattraper mon retard.

Au 7 août, Saint-Pothin est devenu bien calme : tous les mobilisés ont rejoint leur régiment et le reste du village travaille à labourer les champs. Le soir venu, on s'informe de l'évolution de la guerre. Les Allemands ont violé les frontières de la Belgique

30 au mépris de sa neutralité et marchent sur Bruxelles. Nos armées les arrêteront, c'est sûr. De toute façon, tout le monde est

---

4 **une musette** Brotbeutel – 6 **fournir** donner – 8 **un attroupement** un groupe, une foule – 16 **ému** → une émotion – 20 **les vendanges** *fpl* Weinlese – 23 **avoir hâte** attendre avec impatience – 24 **un exploit** une action héroïque – 29 **violer** *ici* : verletzen – 30 **au mépris de** ungeachtet

convaincu que la victoire sera facile et que le conflit ne durera pas. Je discute de ces nouvelles avec Jean-Marie, car ma mère ne veut toujours pas entendre parler de la guerre. Moi, je suis sûr que mon père aurait approuvé cet engagement.

5   Un après-midi, je suis en train de curer l'étable quand j'entends de la musique. Je sors sur la route, intrigué. Et là, je n'en crois pas mes yeux.

    Une clique de tambours et de clairons marche à ma rencontre. Suivent des dizaines de soldats fusils à l'épaule, les baïonnettes
10 emmanchées lançant des éclairs d'acier sous le soleil. Ils portent un képi et une vareuse bleue, une culotte rouge, des bandes molletières et des brodequins soigneusement astiqués. Je les regarde défiler, bouche bée. Tous me font un signe de la main, un sourire. Je les salue en retour, rempli d'admiration. Qui sont-
15 ils ? Où vont-ils ?

    Je le sais très vite ; la nouvelle de leur arrivée est un véritable événement au village : il s'agit des réservistes du 97e régiment d'infanterie, des Auvergnats, qui remontent vers le nord pour contenir l'avance allemande aux frontières. Nous sommes
20 nombreux à les escorter jusqu'à la sortie du village, applaudissant et jetant des fleurs sous leurs pas :

    – On les aura !

    J'ai encore au cœur la joie de ce moment quand, deux jours plus tard, le père Fayolle entre dans le potager où je bine des
25 pommes de terre. Il marche lentement, les yeux fixés sur un papier couvert de tampons.

---

5 **curer** nettoyer (reinigen) – 6 **intrigué** curieux – 8 **un tambour** Trommel – 8 **un clairon** Bügelhorn – 10 **emmanché** *ici :* fixé au fusil – 10 **un éclair** Blitz – 11 **une vareuse** Matrosenbluse – 11 **une culotte** *vx* un pantalon – 11 **une bande molletière** Wickel-gamasche – 12 **un brodequin** Schnürstiefel – 12 **astiquer** putzen – 13 **bouche bée** ganz baff – 18 **un Auvergnat** une personne qui vient d'Auvergne (région au centre de la France) – 19 **contenir** *ici :* arrêter – 20 **escorter qn** marcher avec qn – 24 **un potager** un coin de jardin où l'on fait pousser des légumes – 24 **biner** hacken – 26 **un tampon** Stempel

Une sourde appréhension m'étreint.

– Qu'est-ce qui se passe, patron ?

– Je viens de recevoir un ordre de réquisition. Sa voix est comme brisée :

5 – L'armée réquisitionne les chevaux. Il faut leur amener Grison.

– Quoi !

– Eh ! oui, mon gars. C'est écrit là.

Je ne regarde pas le papier. Un coup au cœur, j'ai laissé tomber ma binette.

10 Grison. Mon compagnon de travail. C'est impossible !

– Je sais que tu tiens à lui. Mais je n'ai pas le choix.

Mon patron relève la tête. Je l'ai toujours tenu pour un homme dur. Le père Fayolle parle peu et dirige son exploitation d'une main de fer. Pourtant, à cet instant, il paraît avoir pris dix ans.

15 Il a l'air complètement abattu. Il me tapote l'épaule.

– Allez, mon gars. Va.

Je cours à l'écurie. Debout dans son box, Grison mâchonne tranquillement son avoine. Il tourne la tête à mon entrée et baisse le front pour se faire caresser. Je l'enlace, flatte sa crinière

20 blanche. Ses bons gros yeux suivent mes gestes patiemment.

Les larmes me brouillent la vue.

– Pauvre Grison !

Nos armées ont besoin de chevaux pour combattre les Allemands, bien sûr. Mais pourquoi Grison ? Pourquoi m'enlever

25 ce fidèle ami ? Allons ! Je me secoue. La guerre ne devrait pas durer bien longtemps : il nous sera certainement rendu à l'automne.

---

1 **sourd** *ici :* unbestimmt – 1 **une appréhension** une peur – 1 **étreindre** *ici :* packen –
3 **une réquisition** Beschlagnahme – 4 **brisé** cassé – 13 **une exploitation** *ici :* une ferme
(Bauernhof) – 14 **de fer** *m* eisern – 15 **abattu** découragé, déprimé – 17 **mâchonner**
kauen – 18 **l'avoine** *f* Hafer – 19 **caresser** streicheln – 19 **enlacer** umschlingen –
19 **flatter** *ici :* streicheln – 19 **une crinière** Mähne – 25 **se secouer** *ici :* sich einen Ruck
geben – 26 **rendre** redonner

Il est dix heures, ce matin-là, et la place du marché est bondée. Presque tous les propriétaires de chevaux ont été convoqués. Assis derrière une longue table, devant la mairie, trois gradés appellent les propriétaires par ordre alphabétique. Des soldats
5 font trotter les chevaux, et les officiers donnent leur avis, parfois d'un simple hochement de tête.

Je constate avec désespoir que la plupart des bêtes qui ont été présentées sont parquées dans un coin de la place. Seul le père Jacquet s'est vu refuser son cheval, un vieux canasson pelé
10 et boiteux.

Personne ne parle. Les visages sont tristes ; des hommes essuient furtivement leurs yeux rougis. Mon patron semble plus abattu que jamais.

Soudain :
15 – Fayolle Maurice !
– Présent ! répond mon patron.

Je cède à contrecœur la bride de Grison aux soldats et regarde, impuissant, mon compagnon trotter autour de la place. Mon pauvre ami exécute docilement toutes les manœuvres. Son
20 aisance et sa bonne santé ne m'ont jamais autant frappé que ce matin-là.

Je jette un coup d'œil en direction des gradés. Celui qui préside la sélection est un gros bonhomme moustachu dont le ventre bedonnant touche le bord de la table. Si seulement le père Fayolle
25 n'avait pas tenu à changer si vite les fers de Grison ! Mais les soldats inspectent tout. Ils auraient vu les fers usés et ordonné qu'on les remplace, tout simplement.

---

2 **convoquer qn** inviter officiellement qn – 3 **un gradé** unterer Dienstgrad – 5 **trotter** traben – 6 **un °hochement de tête** Kopfnicken – 8 **parquer** einpferchen – 9 **un canasson** fam un cheval – 9 **pelé** kahl – 12 **furtivement** en cachette, discrètement – 17 **à contrecœur** widerwillig – 17 **une bride** Zaum – 19 **exécuter** ici : faire – 19 **docilement** folgsam – 20 **l'aisance** f ici : Geschicklichkeit – 20 **frapper** ici : auffallen – 24 **bedonnant** gros

Le gros officier tortille sa moustache. Les autres se taisent. L'espace d'un instant, j'ai l'espoir fou que la prestation de Grison leur déplaît.

Le bedonnant lève la main :

5 – Ça va.

Son approbation a sonné comme une sentence de mort.

Je m'approche de Grison qui pousse doucement sa tête contre moi. Comprend-il ? Avant de partir, j'avais rempli un petit sac d'avoine. Je l'accroche autour de son cou. Je n'essaie pas de
10 retenir mes larmes. Elles coulent sur mon visage, jusque dans le col de ma chemise, et je ne les essuie pas.

J'ai tout juste le temps d'embrasser une dernière fois mon ami. Sans un regard pour moi, le soldat m'ôte la bride de la main. Et je vois à travers mes larmes mon bon Grison s'éloigner
15 vers l'enclos des chevaux réquisitionnés.

Le sort de Grison scellé, le père Fayolle et moi reprenons le chemin de la ferme.

Pour la première fois, j'ai vu mon patron pleurer. Sa main est restée posée sur mon épaule tout au long du chemin.

20 Depuis que Grison m'a été enlevé, je ne vais plus au travail avec la même ardeur. Je traîne les pieds sur les routes, et mon regard se perd dans les ornières creusées par les roues des charrettes où j'ai si longtemps marché avec mon brave compagnon. J'ai le cœur déchiré à l'idée qu'on pourrait lui faire
25 du mal. Ma seule consolation est de savoir qu'il apportera à sa manière sa contribution à la victoire. Car la victoire ne saurait tarder.

Ce soir de septembre, je me presse sur le chemin de la maison, quand un cri m'arrache à mes pensées.

---

2 **une prestation** Leistung – 6 **une approbation** *ici :* un jugement positif –
6 **une sentence** Urteil – 10 **une larme** Träne – 11 **un col** *ici :* Kragen – 13 **ôter**
enlever – 15 **un enclos** *ici :* Koppel – 16 **sceller** *ici :* confirmer – 21 **l'ardeur** *f* la passion,
l'enthousiasme *m* – 22 **une ornière** Spurrille – 24 **déchiré** zerrissen –
25 **une consolation** Trost – 26 **qc ne saurait tarder** *expr* qc va bientôt arriver

– Eugène !

C'est Matthias qui court vers moi depuis l'angle du café du Coin.

– Eugène ! Tu ne sais pas la nouvelle ?

5 – Quoi ?

– On a repoussé les Allemands sur la Marne ! Ils se replient !

Ces mots me sortent de ma torpeur. Je dévisage Matthias, incrédule.

– Sur la Marne ? Mais je croyais qu'ils étaient bloqués aux
10 frontières ?

– C'est ce que tout le monde pensait. Ils étaient à moins d'une journée de marche de Paris*, tu te rends compte ? Regarde, c'est écrit là…

Matthias me tend une page de journal toute froissée. Une
15 grande image représente des soldats français piétinant des Allemands vêtus d'un uniforme verdâtre et coiffés d'un casque à pointe. En arrière-plan, les positions allemandes fument sous le tir des obusiers français. *En avant !* cite la légende.

Matthias me raconte la bataille en faisant de grands gestes
20 avec sa page. Je revois ma mère et les gros yeux qu'elle m'avait faits quand j'avais parlé d'acheter un journal pour nous tenir informés de l'avancée de nos troupes : « Je ne veux pas que tu te bourres le crâne avec ces mensonges ! » Les journaux nous ont menti. Durant tout le mois d'août, on nous a fait croire que
25 la victoire était proche. Mais c'étaient les Allemands qui étaient tout près de la remporter. En ce 10 septembre, ils ont finalement été battus.

---

* Le *repli* (→ se replier) des armées françaises sur la Marne, après *l'échec* (≠ le succès) des offensives d'août, avait conduit les Allemands à une trentaine de kilomètres de Paris.

---

6 **la Marne** un fleuve dans l'est de la France – 6 **se replier** sich zurückziehen –
7 **la torpeur** Erstarrung – 7 **dévisager** observer avec attention – 14 **froissé**
zusammengeknüllt – 15 **piétiner qn** marcher sur qn – 16 **verdâtre** *péj* → vert –
16 **un casque à pointe** Pickelhaube – 18 **un tir** Schießen – 18 **un obusier** Haubitze –
23 **se bourrer le crâne avec qc** *fam* sich mit etw den Kopf vollstopfen

– La poursuite est engagée contre l'ennemi en fuite, lit Matthias. Sans blague, on leur a mis une de ces corrections !…

Il jubile. J'approuve pour la forme : je n'arrive pas à partager sa joie. Si les journaux nous ont déjà menti, ils peuvent nous
5 mentir encore. Comment être sûr que les Allemands ont bien été repoussés ? Des hommes luttent peut-être toujours désespérément pour éloigner ces brutes aux casques pointus. Et je suis là, sur ce chemin tranquille, occupé à rentrer chez moi où un bon dîner m'attend…
10 Ces pensées me tiennent éveillé une partie de la nuit. Au matin, la solution m'apparaît comme une évidence. Comment n'y ai-je pas songé plus tôt ? J'ai hâte d'en informer Matthias.

Le soir venu, je m'en vais l'attendre à la forge. La nuit commence à tomber quand il sort, sa musette en bandoulière.
15 – Eugène ! Qu'est-ce qui t'amène ?

Je chuchote, le cœur battant :

– Tu peux garder un secret ?

– Eh ! Tu ne me fais plus confiance ou quoi ?

Je l'entraîne de l'autre côté de la rue, sous le porche de la
20 remise du père Magotte. Le vieux est sourd comme un pot : il ne risque pas de venir nous déranger.

Matthias me dévisage, intrigué. Je prends une grande inspiration.

– Je vais m'engager dans l'armée.
25 Un silence. Mon ami a ouvert des yeux grands comme des soucoupes.

– T'engager ? Mais tu es fou ! Tu n'as pas l'âge !

Je le prends par les épaules comme le ferait M. Louis.

– Écoute, j'aurai seize ans en mars. En me vieillissant d'un an
30 ou deux, je suis sûr que ça peut marcher.

---

2 **une correction** *ici :* Prügel – 3 **jubiler** être très joyeux – 7 **une brute** → brutal –
11 **une évidence** Selbstverständlichkeit – 12 **songer** penser – 19 **un porche** Vorbau –
20 **une remise** Schuppen – 20 **sourd** qui n'entend pas – 25 **ouvrir des yeux grands comme des soucoupes** *fpl expr* ouvrir grand les yeux

J'ai toujours été mince et pas très grand, c'est vrai, mais je sais qu'une fois coiffé avec une raie sur le côté j'ai l'air sérieux, plus âgé.

    – J'ai entendu dire que des milliers de gars se sont déjà portés
5 volontaires aux bureaux de recrutement. Ils me prendront, Matthias. On aura besoin de moi comme des autres pour renvoyer les Boches chez eux.

    Matthias a baissé la tête, pensif.

    – Tu as sans doute raison… Je pars avec toi, dit-il brusquement
10 en me regardant droit dans les yeux.

    – Quoi ? Tu… tu es sérieux ?

    – Ben oui ! Qu'est-ce que tu crois ? Moi aussi j'aimerais pouvoir botter le cul des Boches. Et je vais sur mes dix-sept ans. Si tu arrives à te faire enrôler en mentant sur ton âge, je suis sûr d'être
15 pris aussi !

    – Mais… c'est formidable ! On s'engagera ensemble, alors ?

    Je ne me souviens pas de m'être senti aussi joyeux. Matthias, mon meilleur ami, va m'accompagner ! Pas un instant je n'avais pensé à le lui proposer, ni même imaginé qu'il se joigne à moi.
20 Comment avais-je pu oublier son enthousiasme ?

    – Avec nous, les Boches n'auront qu'à bien se tenir !

    Réunis comme par le passé, nous vivrons certainement de belles aventures ! Nous nous voyons déjà en pantalons garance, côte à côte, triomphant des Allemands… Nous nous serrons
25 vigoureusement la main. Mais une ombre passe sur le visage de mon ami.

    – Attends ! s'écrie-t-il. Même à dix-huit ans, il faut une autorisation des parents*… Comment on fait ?

    Aïe ! J'avais oublié ce point.

---

* La majorité civile était alors fixée à 21 ans.

1 **mince** ≠ gros – 2 **une raie** Scheitel – 13 **botter le cul de qn** *péj* jdn in den Hintern treten – 14 **enrôler** anwerben – 23 **garance** türkischrot – 25 **une ombre** Schatten (*ici : fig*)

– C'est vrai, poursuit Matthias, inquiet. Mon frère est déjà au front et ma sœur travaille à Lyon. Ma mère va rester seule… et la tienne ne voudra jamais te laisser partir. En plus, tu as une bonne place chez le père Fayolle. Comment il prendra la chose,

5 à ton avis ?

Ma mère. Mon patron. L'espace d'un instant, je sens ma résolution chavirer.

Je revois la ride au front de ma mère et la main du père Fayolle sur mon épaule, au retour de la réquisition de Grison. Son unique

10 fille a épousé un ouvrier qui travaille à l'autre bout du pays, et j'ai parfois l'impression qu'il me considère un peu comme un fils. Peut-être qu'un jour il me proposera de reprendre la ferme à mon compte…

Mais non, rien ne peut me faire revenir sur ma décision.

15 – On la fera nous-mêmes, cette autorisation, je tranche. Ils auront certainement de la peine quand nous partirons, mais comme ils seront fiers quand nous reviendrons !

Le lendemain, samedi, se tient la foire de Saint-Symphorien, notre chef-lieu de canton. Chaque année, nos patrons nous

20 donnent congé. Il faut dire que c'est une véritable fête dans la région. D'habitude, Matthias et moi y retrouvons des cousins à lui. Nous passons la journée ensemble. Ma mère n'aime pas trop ces sorties « en bande » bien qu'elle me laisse toujours partir après m'avoir fait une litanie de recommandations. Nous

25 partirons donc à l'aube, comme d'habitude. Mais pour Vienne et son bureau de recrutement des armées.

– Et si ça ne marche pas ? s'inquiète Matthias, toujours pratique.

---

1 **inquiet** beunruhigt – 7 **une résolution** une décision – 7 **chavirer** *ici :* ins Wanken geraten – 10 **un ouvrier** Arbeiter – 12 **(re)prendre qc à son compte** etw übernehmen – 15 **trancher** *ici :* décider – 16 **la peine** Kummer – 18 **une foire** (Jahr)Markt – 19 **un chef-lieu** Hauptstadt – 19 **un canton** *in etwa* Landkreis – 24 **une litanie de qc** *fig* beaucoup de qc – 24 **une recommandation** un conseil – 25 **l'aube** *f* le lever du jour

Je n'ai rien prévu en cas d'échec. Tout simplement parce que je n'ai pas envisagé d'échec.

Pour la première fois, j'apprécie que, chez moi, nous dînions en silence. Malgré toute ma résolution, je suis troublé à l'idée
5 de tromper la confiance de ma mère et, ce soir-là, à table, mes paroles m'auraient peut-être trahi. Je ne lui ai jamais rien caché jusqu'ici, je n'aurais pas osé.

Il est près de huit heures. Ma mère reprise des chaussettes, Jean-Marie lit à la lumière de la lampe à huile. Je leur ai souhaité
10 bonne nuit et je suis monté dans la chambre que je partage avec mon frère. J'ai une heure devant moi avant qu'il ne monte à son tour se coucher. Il me faut faire vite.

Je m'assois au petit secrétaire de Jean-Marie, sors d'un tiroir le beau bloc de papier à rayures dont nous nous servons pour
15 écrire à la famille, arrache proprement une feuille. Je choisis une plume dans le plumier et débouche le pot d'encre bleue.

Mon cœur bat fort. Je prends une grande inspiration.

D'une main qui tremble un peu, je trempe la plume dans l'encre et je l'applique sur le papier :

20 *Je soussignée, Perrine Ruy, née Daguet, épouse de feu Sébastien Ruy, autorise mon fils…*

Zut ! Je m'interromps, un coup au cœur. L'encre a bavé sur la boucle du *s* de *fils*. Que faire ? Continuer ? Prendre une autre feuille et recommencer ? Mais l'heure avance…

---

1 **l'échec** *m* ≠ le succès − 2 **envisager qc** *ici :* mit etw rechnen − 6 **trahir** verraten −
8 **repriser** réparer − 13 **un tiroir** Schublade − 14 **à rayures** *fpl* gestreift − 16 **une plume**
Feder − 16 **déboucher** ouvrir − 16 **l'encre** *f* Tinte − 20 **soussigné** unterzeichnet − 20 **une**
épouse Ehefrau − 20 **feu** *ici :* verstorben − 22 **baver** *ici :* auslaufen − 23 **une boucle** *ici :*
Schleife

Je continue :

… Eugène Ruy, âgé de dix-sept ans à ce jour, à s'engager dans l'armée pour combattre les ennemis de la France.
Fait à Saint-Pothin, Isère, le 11 septembre 1914.

5   Je repose la plume en retenant mon souffle, applique un buvard sur l'encre encore fraîche et tends la feuille à bout de bras.

Les jambages sont bien réussis et la signature me semble parfaite. Cependant l'écriture n'est pas très assurée, et il y a cette
10   tache d'encre au beau milieu de la page… Oh ! Et puis, tant pis. Elle n'est pas si grosse, après tout. L'horloge, en bas, a sonné neuf heures. Je n'ai pas le temps de corriger.

Vite, je remballe le plumier, l'encre et le papier dans le tiroir, fourre la lettre pliée en quatre dans la musette cachée sous mon
15   lit et me glisse sous les draps.

Il est temps.

Les marches de l'escalier craquent. Jean-Marie entre dans la chambre et se penche pour vérifier si je dors. Les yeux fermés, je pense très fort à Matthias. J'espère de tout cœur qu'il
20   a pu écrire sa lettre. L'angoisse, un temps oubliée, resurgit : réussirons-nous ?

Toute la nuit, je tourne et je me retourne dans mon lit en comptant les heures qui me séparent de l'aube. Enfin, notre coq enfermé dans le poulailler fait entendre son cri étouffé. Je rejette
25   les couvertures d'une main vive.

Je suis prêt.

---

6 **un buvard** Löschblatt – 8 **un jambage** *ici :* Fuß – 10 **une tache** Fleck – 14 **plier** zusammenfalten – 15 **un drap** Bettlaken – 23 **un coq** Hahn – 24 **un poulailler** Hühnerstall – 24 **étouffé** *ici :* gedämpft – 25 **une couverture** *ici :* Bettdecke – 25 **vif** énergique

Chapitre 2

Volontaires

Une aube grisâtre se lève quand je rejoins Matthias sur le chemin des Pierres-Blanches.

– Tu as ton autorisation ?

5 – Ouais.

Il sort une feuille pliée en quatre de sa poche.

– Regarde ça. J'en ai bavé, tu peux me croire !

Je rapproche sa lettre de la mienne pour les comparer. Nous nous étions mis d'accord sur le texte. Matthias a oublié le *e* à

10 *soussignée* et l'encre a coulé à plusieurs reprises. Considérée à la lumière du jour, ma lettre n'est finalement pas mal du tout !

Je hausse les épaules, rassuré :

– Ça ira.

Tandis que nous rangeons les autorisations dans nos musettes,

15 un frisson me traverse l'échine.

Nous sommes seuls au milieu des labours. La plaine court à perte de vue vers le sud et, sur notre gauche, la masse noire des bois du Chat émerge doucement de son enveloppe de brume.

Je me tourne vers Matthias.

20 – Tu es prêt ?

– Tu ne crois quand même pas que je vais me dégonfler maintenant, non ?

Son visage est une lune pâle dans le petit matin. Comme moi, il n'a pas dû dormir de la nuit. Et comme moi, il ne l'aurait

25 jamais avoué. Nous sommes de futurs soldats. Assumer nos

---

2 **grisâtre** *péj* → gris – 7 **en baver** avoir des difficultés *fpl* – 12 **rassuré** beruhigt –
15 **un frisson** Zittern – 15 **l'échine** *f ici :* le dos – 18 **émerger** sortir – 18 **la brume**
Nebel – 21 **se dégonfler** finalement ne pas faire ce qu'on a décidé de faire, renoncer –
23 **pâle** blass – 25 **avouer** gestehen – 25 **assumer qc** zu etw stehen

décisions est notre première épreuve. Et nous devons l'affronter si nous voulons réaliser notre rêve.

– En avant !

Nous nous mettons en route, côte à côte, sans parler. Les
5   semelles de nos godillots crissent sur les cailloux, alertant les bandes de corbeaux qui s'élèvent en croassant au-dessus des labours. Quand nous atteignons l'embranchement de la grande route de Saint-Symphorien, il se met à pleuvoir. La pluie détrempe ma veste et je pense à ma mère et à mon frère qui me
10   croient parti pour la foire. Ma mère m'a encore fait promettre de me tenir à l'écart des bagarres, de ne pas dépenser mon argent en broutilles. Si elle savait !…

Arrivés en vue de Saint-Symphorien, nous faisons un grand détour à travers champs pour éviter la fête. Ce n'est que lorsque
15   nous reprenons la grande route, à la sortie du bourg, que je commence à respirer. Nous sommes sûrs de ne croiser personne de notre connaissance sur ce chemin. Et c'est tant mieux, car nous avons encore une longue marche devant nous.

Nous parvenons à Vienne sur le coup de dix heures, crottés
20   jusqu'aux genoux. Heureusement, les passants pressés ne nous accordent pas un regard.

Il nous faut demander notre chemin trois fois avant de découvrir le bureau de recrutement, un long bâtiment de pierre lugubre sous le ciel gris. À l'entrée de la rue, je m'immobilise,
25   sidéré. Des hommes, jeunes comme vieux, font la queue devant une porte au fronton frappé de lettres dorées : *Bureau de*

---

1 **une épreuve** un test – 5 **une semelle** Sohle – 5 **un godillot** *vx* une grosse chaussure – 5 **crisser** knirschen – 6 **un corbeau** Rabe – 6 **croasser** krächzen – 7 **atteindre un lieu** arriver dans un lieu – 7 **un embranchement** un carrefour – 12 **une broutille** une chose sans importance, sans valeur – 14 **un détour** *ici* : Bogen – 15 **un bourg** une petite ville – 19 **crotté** schmutzig – 24 **lugubre** triste – 25 **sidéré** très surpris – 26 **un fronton** Giebel

recrutement des armées. Je compte : trente-deux. Trente-deux hommes attendent là, dans cette rue, et la file semble se poursuivre dans le hall !

– On n'y arrivera jamais ! laisse tomber Matthias.

5 Le découragement me gagne, moi aussi. Tout a si bien marché jusque-là. Nous avions pensé à tout, sauf à trouver une foule amassée devant le bureau de recrutement ! Mais les volontaires, disaient les journaux, se comptent par dizaines de milliers.

Je réfléchis à toute vitesse. Il est dix heures et demie, bien tard
10 pour espérer passer avant la fin de la matinée. Alors nous attendrons, toute la journée s'il le faut. Tant pis si nous reprenons la route de nuit ! Nous n'avons quand même pas marché quinze kilomètres pour rien !

Je tire Matthias par le bras :

15 – On y va !

La file s'égrène lentement. Les passants nous jettent des regards pleins de sympathie ; les femmes sourient et les vieux frappent le sol de leur canne en criant :

– On les aura !

20 Quand, vers midi, les portes se ferment, nous avons à peine progressé de dix mètres.

– Revenez à treize heures !

Quelques hommes s'égaillent en grognant, mais la plupart restent. Nous faisons de même. Heureusement que j'ai pensé à
25 emporter un morceau de pain et des châtaignes ! Matthias, lui, a une moitié de saucisson.

Assis sur les marches du perron, nous mangeons de bon appétit. Un vieux nous offre une goulée du pinot qu'il tient serré dans sa musette :

30 – Santé, les jeunes !

16 **s'égrener** *ici :* diminuer – 23 **s'égailler** *ici :* quitter la queue – 25 **une châtaigne** Esskastanie – 26 **un saucisson** Wurst – 28 **une goulée** großer Schluck – 28 **le pinot** une sorte de vin

C'est un Viennois de cinquante-huit ans à la barbe drue et au teint rouge de bon vivant. Cela fait deux jours qu'il attend devant le bureau de recrutement. D'après lui, l'armée a tellement besoin d'hommes qu'elle recruterait des enfants si elle le pouvait. Ses
5 propos me rassérènent un peu, mais Matthias garde un air soucieux.

Le cliquetis de la porte qu'on rouvre nous fait bondir sur nos pieds. Gentiment, le Viennois nous cède sa place dans la file.

– Priorité à la jeunesse !

10 Nous le remercions chaleureusement. Grâce à lui et au départ de quelques volontaires du matin, nous sommes maintenant tout près de la porte, au pied du perron.

À deux heures, nous passons le seuil, à trois, nous sommes dans l'entrée.

15 Une porte est ouverte sur la gauche. Assis derrière un large bureau, un officier écrit en secouant la tête. Face à lui, un homme voûté, le crâne dégarni, tourne nerveusement sa casquette entre ses doigts.

– Non, monsieur, non, dit l'officier. Je ne peux pas vous croire.

20 Une main sur le cœur, l'autre déclare d'un ton théâtral :

– Mais je vous jure, monsieur, que j'ai tout juste quarante-cinq ans !

J'échange un regard inquiet avec Matthias. Nos lettres me semblent bien imparfaites tout à coup. Mais la résolution que
25 je lis sur le visage de mon ami me redonne courage.

– Suivant ! crie l'officier.

Je regarde le bureau. Le vieux a disparu. Tout à coup, je réalise que la file s'est complètement égrenée. Le suivant…

C'est moi !

---

1 **dru** épais (dicht) – 5 **rasséréner** tranquilliser, calmer – 6 **soucieux** besorgt –
7 **un cliquetis** *ici :* le bruit que font des clés pour ouvrir une porte – 7 **bondir** sauter –
13 **le seuil** Türschwelle – 17 **voûté** krumm – 17 **un crâne** *ici :* une tête – 17 **dégarni** *ici :*
avec peu de cheveux

Matthias me donne une légère tape dans le dos :

– Allez, Eugène !

Je m'avance, les jambes tremblantes. La pièce est exiguë. Au-dessus d'une table surchargée de papiers est accrochée la
5 photographie d'un général que je ne connais pas.

L'officier se cale sur son siège, saisit un formulaire sur une pile et me dévisage. C'est un homme mûr à l'air sérieux. Pourvu qu'il ne lise pas à travers mon front !

– Votre nom ?

10 – Ruy Eugène.

– Votre âge ?

– Dix-sept ans, monsieur, dis-je avec assurance. J'ai une autorisation signée de ma mère.

Je fouille fébrilement dans ma musette. Mes doigts s'emmêlent
15 pour déplier la feuille. Sans un mot, l'officier prend le papier et commence à lire. Je retiens mon souffle.

La plume en suspens, il relève la tête et me fixe par-dessus ses binocles, les sourcils froncés. L'effroi me saisit. Aurait-il découvert la supercherie ? Une sueur glacée coule dans mon
20 dos. Tout est perdu…

– Monsieur Ruy… Pourquoi voulez-vous vous engager dans l'armée ?

Je mets un instant à saisir ses paroles. Il m'a cru ! Il n'y a vu que du feu ! Je suis tellement soulagé que je m'écrie :

25 – Pour combattre les Allemands, monsieur ! Pour venger l'humiliation de 1870 !

Il sourit.

– Votre patriotisme est-il sincère ?

---

3 **exigu, exiguë** très petit – 6 **se caler** *ici :* s'installer confortablement – 7 **mûr**
reif – 14 **fouiller** durchsuchen – 14 **fébrilement** ≠ calmement – 14 **s'emmêler** sich
verwickeln – 17 **en suspens** *ici :* dans la main, prête à servir – 18 **des binocles** *mpl vx*
des lunettes sans branches – 18 **les sourcils froncés** mit gerunzelten Augenbrauen –
18 **l'effroi** *m* une grande peur – 19 **une supercherie** Betrug – 23 **saisir** *ici :*
comprendre – 23 **n'y voir que du feu** *expr* ne rien remarquer – 24 **soulagé** erleichtert

– Je peux vous le jurer, monsieur. Je donnerais mon sang pour ma patrie.

De nouveau, il sourit :

– C'est bien, jeune homme, c'est très bien.

5 L'officier me demande encore mon adresse, mon métier et le corps dans lequel je souhaite servir – l'infanterie pour piétiner les Allemands, bien sûr ! – avant de me tendre l'acte à signer.

– Et maintenant… ?

– Vous êtes sur les listes. On vous fera parvenir votre
10 notification d'appel.

– Merci, monsieur.

Je quitte le bureau tout étourdi.

Dans la rue, le soleil m'éblouit. Je m'accote au mur, passe la main sur mon front en sueur. C'est fait ! J'ai réussi ! Je n'en
15 reviens pas. Et Matthias ? Aura-t-il autant de chance que moi ?

J'attends. Les minutes passent, aussi longues que des heures. Tout à coup, la haute silhouette de mon ami s'encadre dans la porte. Son air grave me fait peur.

Je me précipite :
20 – Ça a marché ?

– C'est bien ce que tu avais prédit, non ?

Le chemin du retour nous semble très court. Tout à notre joie, nous avalons les kilomètres sans ressentir aucune fatigue.

J'arrive chez moi à la nuit tombée. Ma mère est visiblement
25 soulagée de me voir rentrer, même si elle crie un peu à la vue de mes pantalons crottés. J'offre à Jean-Marie les derniers caramels achetés chez un marchand ambulant, à Vienne, pour fêter mon engagement.

– Vous vous êtes bien amusés ?
30 – Oh, oui !

---

1 **le sang** Blut – 7 **un acte** *ici :* un document officiel – 12 **qn est étourdi** *ici :* jdm ist schwindelig *(ici : fig)* – 13 **éblouir** blenden – 13 **s'accoter** s'appuyer (sich stützen) – 18 **grave** sérieux – 27 **un marchand ambulant** Straßenhändler

Et je savoure la réussite de cette journée en contant à mon frère toutes les belles choses que je n'ai pas vues.

À partir du lundi suivant, je me mets à guetter M. Nicolas. Sa tournée est immuable. Je sais qu'il passe par les terres et la
5 maison Fayolle avant de rejoindre la gare.

Chaque matin, que je sois aux champs ou dans la cour de la ferme, je me tiens prêt, le cœur battant. Dix heures sonnent… Un tintement de clochette sur le chemin. C'est le facteur !

Je vais à sa rencontre, mine de rien :
10 – Bonjour, monsieur Nicolas ! Vous avez du courrier pour les Ruy ?

– Ah ! non, pas aujourd'hui, mon petit Eugène.

La tension retombe pour quelques heures. Le soir, en rentrant chez moi, je passe par la forge.
15 Matthias sort en secouant la tête.

– Toujours rien ?

– Toujours rien.

Cela fait bientôt deux semaines que nous sommes allés à Vienne. Je commence à désespérer. Nous a-t-on oubliés ? Ou
20 l'officier nous a-t-il menti ? A-t-il feint de nous croire ?

Un matin, je panique : je n'ai pas entendu le vélo. M. Nicolas aurait-il changé sa tournée ? N'y avait-il pas de courrier pour les habitants des terres ?

À la pause du déjeuner, je cours jusqu'à la maison. Assise à
25 la table de la cuisine, ma mère épluche des pommes, l'air effondré. Il y a une enveloppe ouverte posée sur le buffet.

Je m'avance, la gorge nouée.

– Maman ! Qu'est-ce qui ne va pas ?

– Lis ça.

---

3 **guetter** attendre – 4 **la tournée (du facteur)** Runde (des Briefträgers) – 4 **immuable** qui ne change pas – 8 **une clochette** Glöckchen – 9 **mine de rien** comme si de rien n'était – 20 **feindre** faire comme si – 25 **éplucher** schälen – 26 **effondré** völlig gebrochen – 27 **la gorge nouée** die Kehle wie zugeschnürt

Je prends la lettre. Le sang me bat aux tempes. J'ai l'impression que ma tête va exploser. Elle a tout découvert ! Mon rêve s'écroule…

Très chère Perrine…

5 Ma mère ! La lettre est adressée à ma mère !
Soudain, je vois l'adresse sur l'enveloppe : *Famille Ruy.*
– C'est tante Amélie, dit ma mère. Elle est au plus mal.
– Ah bon !
Le soulagement est tel que je me retiens d'éclater de rire. Ma
10 mère, elle, n'est pas contente du tout.
– Ça alors ! Cette pauvre tante Amélie qui vous gâte toujours tant à Noël, ton frère et toi ! Cette pauvre tante Amélie va nous quitter, et c'est tout ce que tu trouves à dire ?
Bien sûr, j'ai de la peine pour tante Amélie. Mais c'est en
15 chantonnant que je reprends le chemin de la ferme Fayolle.

Ce vendredi 2 octobre, je fauche de l'herbe pour les lapins du patron dans un grand pré derrière la ferme quand la sonnette du père Nicolas retentit au bout du chemin.
– Mon petit Eugène, j'ai une lettre pour toi.
20 – Merci, monsieur Nicolas.
Je prends l'enveloppe d'une main vive. En haut à gauche de l'adresse, un tampon indique *Service des Armées.* Les battements de mon cœur redoublent.
Je m'entends expliquer :
25 – Oh ! C'est sûrement mon cousin Pierre. Il a été blessé au combat, il est à l'hôpital.
J'espère que M. Nicolas ignore que le cousin Pierre n'existe pas. Il me fallait un prétexte, j'étais prêt à inventer n'importe quoi.

---

1 **une tempe** Schläfe – 11 **gâter qn** jdn verwöhnen – 16 **faucher** mähen – 16 **un lapin** Kaninchen – 28 **un prétexte** Vorwand

Mais le brave facteur hoche la tête d'un air compatissant.

– L'hôpital, ce n'est jamais bien bon… Qu'il se remette vite !

Encore tremblant d'avoir menti, j'attends qu'il se soit éloigné pour déchirer l'enveloppe. Les trois mots, en haut de la feuille,
5 m'arrachent un cri de victoire : *Notification d'appel*.

Mobilisé ! Je suis mobilisé, enfin ! Je me retiens de laisser mon ouvrage en plan pour aller prévenir Matthias. Peut-être a-t-il reçu sa convocation, lui aussi ?

Le reste de la journée, je ne suis pas à mon travail. À tout
10 moment, le cœur gonflé d'une joie que je ne peux laisser éclater, je m'arrête pour presser la lettre à travers la poche de ma veste. Et le père Fayolle finit par se mettre en colère : j'ai complètement oublié de refermer les clapiers après avoir donné à manger aux lapins !

15 Le crépuscule venu, je cours comme un fou vers la forge.

– Matthias ! Matthias !

– Quoi ?

Je comprends à son air sombre que M. Nicolas ne s'est pas arrêté pour lui.

20 – Quelle chance tu as ! souffle-t-il.

– Attends demain ! Peut-être que le courrier a pris du retard…

Matthias secoue tristement la tête.

– Je ne supporterai pas de rester à l'arrière.

Je m'efforce de le rassurer. Je suis persuadé qu'il ne tardera
25 pas à recevoir lui aussi sa notification d'appel. Nous finissons par nous souhaiter bonne chance et nous nous serrons longuement la main.

– On se revoit bientôt, tu verras !

Et je rentre chez moi, la lettre serrée contre mon cœur.

---

1 **compatissant** mitfühlend – 4 **déchirer** zerreißen – 7 **un ouvrage** *ici* : un travail –
7 **laisser qc en plan** abandonner qc – 9 **ne pas être à qc** *ici* : ne pas être concentré
sur qc – 11 **presser** *ici* : drücken – 13 **un clapier** une cage à lapins – 15 **le crépuscule**
Dämmerung

Ce soir-là, au dîner, j'ai du mal à cacher mon émotion. Mes mains sont moites et je renverse mon écuelle de soupe.

– Maladroit, va ! gronde ma mère.

Je la regarde nettoyer la table, retenant à grand-peine mon
5 envie de rire. Me grondera-t-elle toujours quand je serai devenu soldat ? Certainement pas. Et, une fois que nous aurons vaincu les Allemands, elle comprendra qu'elle n'avait aucune raison de craindre cette guerre. Quant à Jean-Marie…

J'avise mon frère qui continue de manger sa soupe proprement,
10 en se moquant de ma maladresse. Il rira moins en me voyant revenir couvert de gloire !

Tout de suite après le dîner, je monte dans la chambre pour écrire ma lettre d'au revoir. J'ai déjà préparé une chemise, des chaussettes et un caleçon de rechange dans une musette cachée
15 sous mon lit.

À la lumière vacillante de la bougie, je m'applique d'une main qui tremble un peu.

Chère maman, Cher frère,

Quand vous trouverez cette lettre, je serai loin, mais toujours
20 *près de vous par le cœur. Je me suis engagé dans l'armée et je pars combattre les Allemands pour défendre notre pays. Maman, je connais ton opinion sur cette guerre, alors je t'ai tout caché pour ne pas t'inquiéter. Pardonne-moi. Je suis à présent le plus heureux des fils, et je suis sûr que tu comprendras…*

25 Je dis tout : mon voyage à Vienne, la notification d'appel… Les raisons ? Il y en a plus d'une. Elles se bousculent dans ma tête, m'échauffent la main et le cœur : ma honte de me sentir

---

2 **moite** feucht – 2 **renverser** *ici :* verschütten – 2 **une écuelle** *vx* une assiette creuse – 3 **un maladroit** Tollpatsch – 3 **gronder** (aus)schimpfen – 6 **vaincre qn** gagner contre qn – 8 **craindre qc** avoir peur de qc – 14 **un caleçon** Unterhose – 16 **vacillant** tremblant – 16 **une bougie** Kerze – 16 **s'appliquer** *ici :* essayer de bien écrire – 26 **se bousculer** sich drängeln – 27 **échauffer** rendre chaud, *ici :* rendre passionné

inutile alors que tant d'événements majeurs se jouent, mon désir de me battre pour venger l'honneur de notre pays et de participer à la victoire… Les mots se pressent sur la feuille.

Lorsque je mets un point final à ma lettre, je suis fier de moi.
5 J'ai rédigé un très beau texte. Je n'avais jamais écrit de cette manière depuis mon certificat d'études.

– Qu'est-ce que tu fais au bureau ?

Je fourre la lettre sous ma chemise.

– J'ai tout vu, annonce Jean-Marie en entrant. Tu écrivais une
10 lettre.

– Et alors ?

Mon frère s'approche et pointe sur ma chemise un doigt triomphant :

– Tu écrivais à une fille.
15 Je ne suis qu'à moitié rassuré.

– Ah oui ? Et qu'est-ce qui te fait croire ça, espèce de fouine ?

– Tu es tout rouge.

Je sens un rire nerveux me chatouiller la gorge. Mais je choisis de jouer le jeu.
20 – C'est pas tes affaires, cafard.

Pour faire plus vrai, je le bouscule et vais me fourrer sous les couvertures. Jean-Marie, lui, exulte.

– Trop tard ! J'ai deviné : tu es amoureux, tu écrivais un poème. Attends que maman le sache…
25 – C'est ça, va lui rapporter ! je lâche d'une voix bourrue.

– Amoureux ! Amoureux ! braille mon frère en me pinçant à travers les draps.

Je résiste à l'envie de lui rendre ses chatouilles. La lettre est toujours plaquée sur mon estomac. Surtout ne pas la laisser
30 échapper !

---

16 **une fouine** Steinmarder, *ici* : Schnüffler – 18 **chatouiller** kitzeln – 20 **un cafard** *ici* : qn qui *cafarde* (petzen) – 21 **bousculer qn** jdn anstoßen – 22 **exulter** être fou de joie – 25 **rapporter** *ici* : répéter – 25 **bourru** mürrisch – 26 **brailler** crier – 26 **pincer** zwicken

Las de donner des coups dans le vide, Jean-Marie finit par se calmer et se coucher à son tour.

– Amoureux ! Amoureux ! ricane-t-il encore.

Puis il se tait et sa respiration devient régulière. Je sais qu'il
5 est trop sincère pour feindre le sommeil. Pourtant je garde la lettre serrée contre ma poitrine.

C'est la dernière nuit que je passe dans la maison de mon enfance avant plusieurs semaines, et je suis ému. Du plus loin que je me souvienne, je n'ai jamais voyagé aussi longtemps, ni
10 aussi loin des limites du pays que je connais. Mais je n'ai pas peur. Une belle aventure m'attend.

Tout à mes rêves, j'entends vaguement sonner les heures et, quand le jour filtre à travers les volets, je réalise que je n'ai pas dormi.

15 Sans bruit, je me lève, m'habille, passe ma musette en bandoulière.

Jean-Marie grogne dans son sommeil. Je porte la main à ma casquette.

– À bientôt, petit frère.

20 Silencieux comme une ombre, j'ai quitté la pièce.

---

1 **las, lasse** [lɑ, lɑs] *litt* fatigué, e – 3 **ricaner** *ici :* albern grinsen – 5 **feindre le sommeil** faire comme si on dormait – 8 **ému** → une émotion – 13 **le jour** *ici :* la lumière du jour – 13 **un volet** Fensterladen – 16 **en bandoulière** umgehängt – 17 **grogner** *ici :* faire des bruits indistincts

Chapitre 3

Les pantalons rouges

Je gagne Vienne en tacot. Heureusement que le temps est au beau : je ne risque pas de me présenter à la caserne crotté comme au bureau de recrutement !

5 En milieu de matinée, j'atteins un ensemble de bâtiments à l'aspect austère. L'accès, dominé par une guérite, est interdit par une haute grille. Je montre ma notification d'appel au soldat de garde.

– Encore un volontaire ? s'exclame-t-il, un sourcil froncé.

10 Et il sourit en s'écartant pour me laisser entrer.

Je croyais pouvoir aussitôt intégrer la caserne, mais je suis forcé de patienter : pendant plusieurs heures, je passe de bureau en bureau pour établir des fiches de renseignement et de matricule. De nombreux gars âgés de dix-huit à dix-neuf ans, 15 tous volontaires comme moi, attendent déjà dans les couloirs. Nous nous serrons la main avec enthousiasme.

Après un bref examen médical, on m'indique l'adresse du magasin où retirer un uniforme à ma taille. Lorsque arrive mon tour de toucher pour la première fois la rude toile du pantalon 20 tant convoité, un long frémissement me parcourt des pieds à la tête. Cet uniforme est à moi ! À moi seul ! Je n'en crois pas mes yeux. Je me dépêche de boutonner la vareuse et de coiffer le képi bleu. Un regard furtif dans la vitre du vestiaire et je me sens

---

2 **gagner un lieu** arriver dans un lieu – 2 **un tacot** *vx ici :* un train départemental –
6 **austère** *ici :* streng – 6 **une guérite** Schilderhäuschen – 7 **une grille** Gittertür –
9 **froncer les sourcils** *mpl* die Augenbrauen runzeln – 14 **un matricule** *ici :*
Personenkennziffer – 19 **rude** ≠ doux – 19 **une toile** *ici :* Stoff – 20 **convoiter** souhaiter,
désirer – 20 **un frémissement** Zittern – 22 **boutonner** zuknöpfen – 23 **furtif** rapide –
23 **un vestiaire** Umkleideraum

rougir d'orgueil… Mais déjà un officier nous appelle, mes nouveaux camarades et moi, pour une première revue.

Nous terminons la journée par une visite de la caserne. On nous attribue à chacun un dortoir, un lit et un casier où ranger nos affaires. Puis la cloche du dîner sonne, et c'est un flot de pantalons rouges qui déferle dans la cour pour gagner le réfectoire.

Comme je fais la queue pour prendre mon repas, je sens qu'on me tape sur l'épaule.

– Alors, soldat, la soupe est bonne ?

Je me retourne. Un grand type cintré dans son uniforme me considère en souriant.

– Matthias !

Je m'étrangle presque de joie.

– Tu as reçu ta feuille d'appel !

Il éclate de rire.

– Ce matin, comme tu l'avais dit !

Nous tombons dans les bras l'un de l'autre.

Nous avons réussi !

C'est le début d'une vie nouvelle et passionnante. Quelques jours après notre arrivée, nous quittons la caserne pour un camp militaire des environs de Dijon. Avant de rejoindre le front, nous devons bien évidemment apprendre à combattre ! J'espère seulement que la période d'instruction ne sera pas trop longue : et si la guerre prenait fin avant que nous soyons formés ?

Les semaines passent, rythmées par les entraînements en tout genre : tir au fusil, lutte au corps-à-corps… Mon exercice préféré reste la charge à la baïonnette, contre des sacs de sable accrochés à des poteaux. Les paysans des villages voisins suivent nos manœuvres avec enthousiasme :

---

1 l'orgueil *m* la fierté – 4 **un dortoir** une pièce avec des lits – 4 **un casier** Fach –
5 **un flot** *ici :* un grand nombre – 6 **déferler** *ici :* strömen – 7 **le réfectoire** la cantine –
11 **cintré** *ici :* mit taillierten Kleidern angezogen – 14 **s'étrangler** *ici :* fast keine Luft
mehr bekommen – 24 **l'instruction** *f ici :* la formation – 25 **former qn** jdn ausbilden –
27 **la lutte** le combat – 29 **un poteau** Pfosten

– Voilà ce qui arrive aux Allemands !

Je me sens gonflé d'importance.

Nous faisons aussi de longues marches à travers la campagne et des exercices d'orientation. Dans ces moments-là, mon rêve
5 de gloire est écrasé sous le poids de mon équipement qui, lesté de deux ou trois sacs de sable, pèse au moins cinquante kilos. À chaque pas, mes pieds me font horriblement souffrir. Mais je ne veux pas abandonner. Au bout de la route mon rêve m'attend. Je serre les dents et redresse la tête. La même volonté se lit sur
10 le visage de mes camarades. Notre section resserre les rangs.

– Allez, les gars ! On va y arriver…

Nous connaissons surtout de bons moments : le défilé dans les rues des villages, la clique en tête ; les uniformes impeccables et les applaudissements. C'est la récompense de notre travail et
15 de notre acharnement. Nous devenons de vrais soldats. Nous sommes fiers.

Les jours de repos, je retrouve Matthias, qui n'a pas été affecté à la même section que moi. Nous évitons de parler de nos familles. Pourtant je sais que, comme moi, il a écrit une lettre à
20 notre arrivée au camp pour annoncer où nous nous trouvons. A-t-il reçu une réponse ? Ni ma mère ni mon frère n'ont donné de leurs nouvelles, alors je leur ai envoyé une autre lettre. Je suis inquiet. J'ai bien souvent pensé à leur réaction quand, ce matin du 3 octobre, ils ont trouvé mon mot sur la table de la cuisine.
25 La surprise de ma mère. Sa colère, peut-être ; son chagrin, plus sûrement, car elle redoutait tant cette guerre. Et les yeux ronds de mon frère qui me croyait amoureux. Oui, je suis amoureux, mais mon amour est bien différent de celui auquel il pensait.

---

2 **gonflé** *ici :* fier – 5 **écrasé** *ici :* erschlagen – 5 **le poids** Gewicht, *ici :* Last – 5 **lesté de qc** mit etw beschwert – 9 **la volonté** Wille – 10 **serrer les rangs** *mpl* aufschließen – 12 **un défilé** Parade – 13 **la clique** *ici :* les musiciens – 13 **impeccable** parfait, très propre – 14 **une récompense** Dank, Belohnung – 15 **l'acharnement** *m ici :* Verbissenheit, Hartnäckigkeit – 17 **affecter** *ici :* zuteilen – 25 **le chagrin** Kummer – 26 **redouter qc** avoir peur de qc

C'est celui de la patrie et du devoir. Aussi, je ne veux pas qu'ils souffrent mais qu'ils soient fiers de moi.

D'autres nouvelles, celles du front, nous parviennent toujours, plus ou moins régulièrement depuis que nous sommes au camp.

5 – Quand est-ce qu'on nous envoie nous mesurer aux Boches ? s'impatiente Matthias.

Nous sommes le 30 novembre et nous nous sentons prêts à nous battre. La guerre, heureusement, nous a attendus. Nos armées engagées à la poursuite des Allemands après l'éclatante

10 victoire de la Marne ont échoué à les repousser au-delà de nos frontières. La ligne de front s'est stabilisée et aucun journal n'annonce l'offensive de la victoire.

– Qu'est-ce qu'on attend pour leur rentrer dedans ?

Nous sommes perplexes. Notre sentiment d'être inutile est

15 d'autant plus vif que nous brûlons de mettre en œuvre notre nouveau savoir-faire. Nous n'avons pas travaillé aussi durement pour que l'on nous renvoie chez nous au bout de deux mois ?

– Ne te fais pas de mouron, me dit un camarade qui sert au mess des officiers. J'ai entendu dire qu'on aura bientôt besoin

20 de nous.

Moins d'une semaine plus tard, le commandant du camp nous fait réunir dans la cour pour nous annoncer que nous partons pour le front le lendemain.

Ce soir-là, nous avons droit à un dîner spécial d'adieu. Attablés

25 devant nos frites, nous chantons à tue-tête toutes les chansons de marche que nous avons apprises pour fêter cette bonne nouvelle.

---

1 **le devoir** Pflicht – 5 **se mesurer à qn** se confronter à qn – 9 **éclatant** *ici :* glänzend –
10 **échouer** ≠ réussir – 10 **repousser** *ici :* zurückdrängen – 13 **rentrer dans qn** jdn fertig
machen – 15 **vif** *ici :* intense – 15 **brûler de faire qc** être impatient de faire qc –
15 **mettre en œuvre** mettre en pratique – 18 **se faire du mouron** *fam* se faire du souci
(sich Sorgen machen) – 19 **le mess des officiers** *mpl* Offiziersmesse – 25 **à tue-tête**
lauthals

Au dessert, le vaguemestre distribue le courrier. Je reçois une lettre. À la vue de l'écriture de Jean-Marie, je bondis presque de joie. Des nouvelles, enfin ! Mais aussitôt l'angoisse resurgit : que m'écrit-il ? Comment ma mère et lui ont-ils vécu mon départ ?
5   Je lis avidement :

Très cher frère,
Pardonne-moi de te répondre si tard, mais maman et moi étions sous le choc. D'ailleurs, maman n'est pas encore tout à fait remise de ton départ pour la guerre. Je t'en veux un peu, moi aussi : tu
10 *m'as tout caché, comme si j'étais incapable de garder un secret ! Et puis, si tu pensais épargner du souci à maman, c'est raté : elle est terriblement inquiète à présent. J'ai beau lui répéter que Matthias t'accompagne, je n'arrive pas à la rassurer. Elle prie pour que la guerre ne dure pas et que tu rentres bientôt à la maison,*
15 *même si elle est très fière que tu sois parti défendre notre pays.*

Mon nœud à l'estomac se dénoue d'un coup. Ma mère a compris ! Toutes mes craintes se sont dissipées. Reste cependant l'inquiétude... Comment la calmer autrement que par la promesse de revenir vite et couvert de gloire ?
20 Ma mère avait immédiatement prévenu le père Fayolle. D'après Jean-Marie, il avait été très surpris mais pas du tout en colère. Au contraire, il me faisait dire d'être brave et de me garder des mauvais coups.

Depuis ton départ, nous avons reçu de mauvaises nouvelles. Il
25 *y a six tués au village, tous sont tombés durant les combats de l'été. Maman te supplie de faire attention à toi. Surtout, surtout, fais bien attention à toi.*

---

1 **un vaguemestre** un sous-officier qui s'occupe du service postal – 5 **avidement** impatiemment – 9 **en vouloir à qn** être fâché contre qn – 11 **épargner** (ver)schonen, (er)sparen – 11 **raté** ≠ réussi – 12 **avoir beau faire qc** même si on fait qc – 13 **prier** beten – 16 **se dénouer** se défaire – 17 **une crainte** une peur – 17 **se dissiper** disparaître – 22 **se garder** se protéger – 26 **supplier** anflehen

Je replie la lettre dans son enveloppe. J'ai reçu des nouvelles de ma famille, c'est bien tout ce qui m'importe. Quant aux morts du village… Gloire à eux !

Moi, je reviendrai pour conter mes aventures. Car les batailles
5 à venir, celles qui conduiront à la victoire, sont aussi celles auxquelles je vais participer. À cette pensée mon cœur s'emballe, et je me joins à mes compagnons pour crier encore une fois :

– On les aura !

6 **s'emballer** s'exciter

Chapitre 4

Un moulin sur l'Aire

Les camions font halte à l'entrée d'un petit village, au cœur des collines d'Argonne. Nous nous poussons pour descendre.

– Avance, quoi !

5 – Et toi, arrête de me marcher sur les pieds !

Dehors, il fait froid, mais le soleil brille. Les maisons aux volets arrachés et aux murs criblés de balles paraissent abandonnées. De l'autre côté de la route, un chemin creux s'enfonce à travers champs, vers l'inconnu. Des brumes s'élèvent sur les bois qui

10 coiffent les collines. Elles tourbillonnent dans le ciel avant de se dissiper. Le silence est pesant.

– On s'est battu ici, souffle un camarade. En septembre, au moment de la retraite des Boches.

– Ça s'est bien calmé depuis !

15 – Ils nous ont attendus, au moins ?

Je regarde autour de moi d'un œil morne. Je m'étais imaginé tant de choses ! Jetés dans la bataille à peine arrivés, nous venions en renfort à un régiment en difficulté… Les canons tonnaient, les balles crépitaient… et nous mettions les Allemands en

20 déroute ! Au lieu de quoi, cette campagne déserte, les gazouillis des oiseaux sous le soleil matinal…

On nous fait aligner pour l'appel. Je suis affecté au 419ᵉ régiment d'infanterie de Vienne, Matthias au 420ᵉ. J'en ai presque les larmes aux yeux. Moi qui croyais faire la guerre avec lui…

25 Nous nous serrons longuement la main.

---

1 **un moulin** Mühle – 3 **une colline** Hügel – 7 **arracher** ausreißen – 7 **criblé de balles** fpl von Kugeln durchsiebt – 9 **un champ** Feld – 9 **la brume** Nebel – 10 **tourbillonner** aufwirbeln – 11 **pesant** ici : bedrückend – 13 **une retraite** ici : Rückzug – 16 **morne** triste – 18 **un renfort** Verstärkung – 19 **mettre qn en déroute** jdn in die Flucht schlagen – 20 **un gazouillis** Zwitschern

– Bonne chance, Eugène.

J'essaie de faire contre mauvaise fortune bon cœur :

– Celui qui rapporte le plus beau casque à pointe se fait payer un verre !

5 Matthias me donne une tape sur le képi.

– Tu ne triches pas, hein ?

Il met son fusil à l'épaule, redresse d'un coup de reins son barda surmonté d'une gamelle luisante. Nous nous sourions. C'est mon ami d'enfance, mon dernier lien avec le village, avec

10 tout ce qui m'est cher, que je vois s'éloigner à la suite de sa section, sur le chemin creux. Un pantalon rouge parmi d'autres. Nous nous sommes promis de nous écrire toutes les semaines. En attendant de nous retrouver au café du Coin….

À notre tour, mes camarades et moi quittons le village en

15 formation de combat. Nous coupons à travers champs et, très vite, nous entrons dans les bois. Çà et là, des explosions ont creusé de petits cratères dans lesquels les racines des arbres mises à nu ressemblent à d'énormes serpents enchevêtrés. Nous progressons lentement, gênés par les troncs d'arbres abattus et

20 les rochers fracassés qu'il faut enjamber. Les battements de mon cœur redoublent. Nous approchons de la zone des combats. L'ennemi se cache, quelque part derrière les feuillages, et nous allons le défier…

Mais ce sont des képis bleus qui surgissent des profondeurs

25 de la forêt !

– Eh, les gars ! nous lancent-ils. Vous venez en renfort ?

Les soldats travaillent à monter des murettes de sacs et de pierres, d'autres creusent des abris à même le sol. Le capitaine

---

2 **faire contre mauvaise fortune bon cœur** *expr* gute Miene zum bösen Spiel machen – 6 **tricher** tricksen – 7 **les reins** *mpl* Niere, *ici* : Kreuz – 8 **un barda** l'équipement d'un soldat – 8 **une gamelle** Essnapf – 8 **luisant** qui brille – 17 **une racine** Wurzel – 18 **mis à nu** *ici* : qui n'est plus dans la terre – 18 **un serpent** Schlange – 18 **enchevêtré** verschlungen – 19 **progresser** *ici* : avancer – 19 **un tronc** Stamm – 19 **abattu** *ici* : tombé – 20 **fracassé** zertrümmert – 23 **défier qn** jdn herausfordern – 24 **la profondeur** Tiefe – 26 **un renfort** Verstärkung – 27 **une murette** → un mur – 28 **creuser** graben – 28 **un abri** *ici* : Unterstand, Schutzraum

de la compagnie nous explique que les Allemands ont établi leur campement dans un bois face au nôtre. La position où nous nous trouvons est une troisième ligne, une base de renfort en cas d'attaque.

5 Ravalant ma déception, je rejoins ma nouvelle section. Les hommes sont occupés à creuser un trou. Un grand barbu à l'uniforme maculé de boue me regarde, goguenard, les bras croisés sur le manche de sa pelle.

– Un bleu*, les gars ! Tout prêt à botter le cul des Boches…

10 Les autres éclatent de rire. Seul un vieux, une pipe fichée dans sa longue barbe poivre et sel, hausse les épaules.

– Laisse-le, Riquioux. Il a le temps d'y voir…

– Ben, justement ! Je parie qu'il se demande ce qu'on fait là ?

Vexé, je le regarde sans répondre.

15 – Cette foutue guerre est partie pour durer, alors on se fabrique des nids douillets où passer l'hiver, lâche finalement le barbu.

Cette fois, je ne peux retenir un cri de surprise.

– Comment ça, *elle est partie pour durer* ?

– C'est bien ce que je pensais : t'as un peu trop lu les journaux 20 avant de t'engager… Faut pas croire que les Boches se laissent faire, gamin. Ils en veulent autant que nous et ils ont des moyens.

Il crache au fond du trou et les autres approuvent d'un hochement de tête. C'est impossible. Ils disent cela pour m'effrayer. Je les regarde tour à tour. Je m'attendais à les voir

---

* Plusieurs générations de soldats se côtoyaient au front : des « bleus » ou « bleuets » – les jeunes nouvellement arrivés qui n'avaient pas encore subi *l'épreuve* (Probe) du feu – aux « pépères » – les soldats les plus *aguerris* (entraînés, endurcis) mais également les plus âgés – en passant par les « *poilus* » (behaart). Ce dernier terme désigne maintenant l'ensemble des combattants français de la Grande Guerre : la vie au front donnait rarement aux hommes le temps de prendre soin d'eux, entre autres de se raser.

---

5 **ravaler** *ici* : unterdrücken – 5 **la déception** Enttäuschung – 6 **un barbu** un homme qui porte une barbe – 7 **la boue** Schlamm – 7 **goguenard** moqueur – 8 **un manche** *ici* : Stiel – 8 **une pelle** Schaufel – 10 **une pipe** Pfeife – 11 **poivre et sel** *ici* : *fig* gris et blanc – 13 **parier** wetten – 14 **vexé** gekränkt – 16 **un nid** Nest – 16 **douillet** gemütlich – 22 **cracher** spucken – 24 **effrayer qn** faire peur à qn

rire et se moquer de moi mais ils ont recommencé à creuser dans un silence pesant. Et je reste comme un idiot à les fixer…

Je saute dans le trou et j'enfonce à mon tour ma pelle dans le sol. Ce n'est pas trop difficile : la terre du sous-bois est meuble.

5   Pendant que je travaille, je me répète, encore et encore, les paroles de Riquioux, et un doute affreux m'envahit. Et s'il disait vrai ? Si la guerre durait ? Mais nous sommes les plus forts ! Tout le monde le sait. Pourquoi attendre pour s'engager contre les Allemands ? J'ai passé deux mois dans un camp d'instruction.

10 Je suis ici pour me battre. Et Matthias ? Où est-il en ce moment ? Lui a-t-on dit tout cela ? Il doit être bien déçu…

Des cris m'arrachent à mes réflexions.

– La bouffe est chaude ! Grouillez-vous…

La pause déjeuner, déjà ! Je n'ai pas vu le temps passer.

15 Heureux de me changer les idées, je laisse tomber ma pelle et emboîte le pas à mes camarades.

Alignés derrière une cuisine roulante, les ravitailleurs distribuent la nourriture tirée de seaux et de bidons fumants. Je reçois un morceau de viande, trois cuillerées de pois chiches

20 et une boule de pain. Ma gamelle dans une main, mon quart rempli de vin dans l'autre, je regagne le trou.

– Hé ! me lance Riquioux. Tu travailles dur, gamin. Comment tu t'appelles ?

– Eugène.

25 – Moi, c'est Jules. Je suis fondeur dans le civil. Et lui…

Il désigne le vieux à la pipe qui a pris ma défense tout à l'heure.

– … c'est Émile, notre pépère.

– Et moi c'est Antoine.

Je serre la main d'un gars d'une vingtaine d'années aux joues

30 roses et à la petite moustache soignée qui m'offre une cigarette.

---

2 **pesant** *ici :* bedrückend – 4 **meuble** locker – 13 **la bouffe** *fam* la nourriture –
13 **se grouiller** *fam* se dépêcher – 16 **emboîter le pas à qn** suivre qn – 17 **un ravitailleur**
ici : Versorgungssoldat – 18 **un seau** Eimer – 18 **un bidon** Kanister – 19 **des pois chiches**
mpl Kichererbsen – 20 **un quart** *ici :* une tasse en métal qui contient 25 cl –
25 **un fondeur** Metallgießer – 27 **un pépère** voir explications p. 45

– Alors comme ça, tu viens de Saint-Pothin ? Dis, on est voisins :
j'habite Saint-Symphorien.

La pause déjeuner passe vite. Mes camarades ne sont pas
mauvais, seulement accablés par les épreuves de l'été et la course
5 en avant de l'automne.

– Tu te rends compte, s'exclame Antoine, pas un de nous n'a
encore vu un Boche de près ! À Charleroi*, la moitié de la
compagnie a été perdue par leurs mitrailleuses… On suivait une
route, ils étaient planqués dans les fourrés et quand on s'en est
10 aperçus, c'était trop tard.

– Mais on peut encore gagner avant la fin de l'année ?

– Au train où vont les choses, je miserais plutôt sur le
printemps prochain.

Ses paroles me laissent soucieux. J'espère de tout cœur qu'il
15 se trompe. Je voudrais tellement vivre des choses différentes,
participer à la victoire !…

Pour le moment, je brosse vigoureusement mon uniforme.
Parce qu'à force de creuser je suis devenu aussi sale que Riquioux.

Bing, bang !
20 L'écho des bidons qui s'entrechoquent fait fuir les derniers
oiseaux attardés dans le bois. Je ne peux pas m'empêcher de
jurer :

– Merde ! C'est aussi pénible à trimbaler vides que pleins ces
machins-là.

25 – Fais attention aux mines ! me prévient Antoine. Il paraît que
le coin en est truffé.

---

* Le 22 août 1914, les troupes françaises venues au secours des Belges furent
défaites (battues) à Charleroi, après avoir subi de terribles pertes. Cette débâcle
annonçait la retraite de l'armée française : le 29, Joffre ordonna le *repli* (Rückzug)
général de ses armées sur la Seine.

4 **accablé** découragé – 8 **une mitrailleuse** Maschinengewehr – 9 **planqué** *fam*
caché – 9 **un fourré** Gestrüpp – 12 **miser sur qc** auf etw setzen – 17 **brosser**
abbürsten – 22 **jurer** *ici :* fluchen – 23 **trimbaler** porter – 26 **truffé** plein

Nous suivons un sentier qui s'enfonce dans la forêt à l'est de notre position. La corvée d'eau est décidément la plus facile mais aussi la plus agaçante de toutes les besognes qui nous sont imposées. Glissant vivement une main entre les bonbonnes
5 d'acier, j'empêche les bidons de se heurter encore une fois.

– On y est, m'avertit Antoine.

L'Aire, notre base de ravitaillement, est une rivière qui court en lisière de la forêt. Un obus a abattu des arbres plus haut en amont. L'eau charrie des bouts d'écorce et des ronces
10 déchiquetées. Sur la rive opposée, rien ne bouge.

Je plonge les bidons dans l'eau où le soleil lance des éclats d'argent. Antoine arrête mon bras.

– Eugène ! Tu as vu ?

– Quoi ?

15 – Là !

Un peu plus bas en aval, l'énorme roue d'un moulin tourne, lentement, entre deux digues de pierre. Penchée à une fenêtre, au-dessus de l'eau, une fille brosse vigoureusement un tapis.

Je m'exclame, stupéfait :

20 – Il y a encore des civils dans le coin !

– Tu vois bien ! Il n'y a pas de temps à perdre. On peut récupérer du ravitaillement.

– Attends !

Je retiens Antoine par un coin de sa capote. Une drôle
25 d'appréhension m'a pris aux tripes. La fenêtre ouverte sur la forêt, le tapis… Et si c'était un signal ?

– Les Boches y sont peut-être !

---

1 **un sentier** un chemin – 2 **une corvée** *ici :* un travail qu'un soldat doit faire pour les besoins du camp – 3 **agaçant** énervant – 3 **une besogne** un travail – 4 **imposer qc à qn** obliger qn à faire qc – 4 **une bonbonne** une grande bouteille – 5 **l'acier** *m* Stahl – 5 **se °heurter** gegeneinander stoßen – 8 **en lisière** *f* **de** au bord de – 8 **un obus** Granate – 9 **charrier** *ici :* transporter – 9 **l'écorce** *f* Rinde – 9 **des ronces** *fpl* Dornen-ranken – 10 **déchiqueté** *ici :* in Stücken – 11 **un éclat** *ici :* un reflet – 12 **l'argent** *m* Silber – 16 **en aval** flussabwärts – 16 **une roue** Rad – 16 **un moulin** Mühle – 17 **une digue** Deich – 24 **une capote** *ici :* un manteau à capuche – 25 **l'appréhension** *f* la peur – 25 **prendre aux tripes** *fpl fam* unter die Haut gehen

Antoine lève les yeux au ciel.

– Je te rappelle qu'on tient le secteur et que les Boches sont dans le bois d'en face. Allez, grouille-toi.

Je le suis sans enthousiasme. Trébuchant, nos bidons sur le
5 dos, nous regagnons le sentier.

Petit à petit, les arbres se font moins nombreux et nous débouchons sur une sorte de clairière. Les bâtiments décrépis d'un ancien moulin se dressent devant nous. Il y a des rideaux aux fenêtres et des poules dans l'enclos qui jouxte la maison.
10 Antoine traverse la cour en sifflotant. Moi, j'avance prudemment, le fusil en joue.

Tour à tour, nous actionnons le heurtoir. Pas de réponse.

– Allons bon.

Antoine frappe de nouveau. Un grincement… Je braque mon
15 arme sur la porte qui s'ouvre.

Un visage de femme effrayé apparaît. Confus, j'abaisse ma garde, tandis qu'Antoine s'empresse :

– Excusez-nous, madame ! Nous sommes du 419e régiment d'infanterie qui cantonne là-bas dans le bois. Est-ce que vous
20 auriez des provisions pour nous ?

Il ajoute très vite :

– Nous avons de quoi payer.

Nous entrons dans une petite cuisine. Il y a des chemises étalées sur la table à côté d'un énorme fer en fonte ; un plat
25 dans le four dégage une délicieuse odeur de gratin. Je pense à ma mère et mon cœur se serre.

Notre hôte est une petite femme frêle toute vêtue de noir. Encore tremblante, elle nous propose du café.

---

4 **trébucher** stolpern – 7 **une clairière** Lichtung – 7 **décrépi** von dem, der Putz
abfällt – 8 **un rideau** Vorhang – 9 **une poule** Henne – 9 **un enclos** eingezäuntes
Grundstück – 9 **jouxter qc** être juste à côté de qc – 11 **en joue** angelegt –
12 **un °heurtoir** Türklopfer – 14 **un grincement** Quietschen – 14 **braquer** richten –
16 **effrayé** qui a peur – 19 **cantonner** Quartier beziehen – 20 **des provisions** *fpl* des
réserves de nourriture – 24 **un fer (à repasser)** Bügeleisen – 24 **la fonte** Gusseisen –
27 **frêle** fragile

– Je n'ai pas grand-chose à vous offrir : les Allemands m'ont dévalisée, cet automne.

Derrière le fourneau, l'escalier craque. Une jeune fille paraît. Elle est vêtue d'une robe noire et d'un tablier bleu. De longs
5 cheveux blonds encadrent son visage triste. C'est elle que j'ai vue à la fenêtre, tout à l'heure. Elle doit avoir à peu près mon âge.

– Vous ne pensez pas à partir ? s'inquiète Antoine. Entre les Boches qui campent de l'autre côté de la rivière et les
10 bombardements… vous n'avez pas peur ?

– Hélas ! mon pauvre garçon, mon mari est mort et mon fils a été mobilisé en août. Cette maison, c'est tout ce qu'il nous reste…

Les mots que ma mère aurait pu dire. Les mots qu'elle a peut-
15 être dits. Il y a la photo d'un homme dans un cadre posé sur le buffet et, à côté, un bouquet de roses séchées. Comme chez moi.

La femme essuie vivement les larmes qui perlent au coin de ses yeux.
20 – Juliette ! Va chercher des œufs.

La fille sort. Je lui emboîte le pas. Je ne peux plus rester dans cette pièce. Je veux respirer l'air frais et penser aux Allemands que nous attaquerons un jour.

Dans le poulailler, Juliette a ouvert une grande caisse pleine
25 de blé. Elle en retire deux douzaines d'œufs qu'elle dispose dans un panier. Elle a de belles mains, de longs doigts tout fins. J'aime les regarder.

– Vous êtes fantassin ? interroge-t-elle soudain.

– Oui, mademoiselle. Dans le 419e régiment d'infanterie.
30 – Mon frère aussi est fantassin, mais dans le 164e. J'ai vu passer des fantassins allemands, au moment de la retraite. Leurs uniformes sont moins beaux que les vôtres.

---

2 **dévaliser** (aus)plündern – 3 **un fourneau** Herd – 4 **un tablier** Schürze – 18 **essuyer** abwischen – 18 **une larme** Träne – 24 **un poulailler** Hühnerstall – 25 **le blé** Weizen – 28 **un fantassin** Infanterist

– Et ils vous ont tout pris.

Ma voix vibre de colère. Juliette hoche la tête.

– C'est vrai qu'il a fallu leur donner beaucoup de choses, mais… ils étaient polis et ils ne sont pas restés longtemps.

5 Comme j'avance la main pour prendre le panier, ses doigts effleurent les miens. Je sens le rouge me monter aux joues.

– Nous ne les laisserons pas revenir. Qu'ils soient polis ou pas !

Juliette sourit. Elle a un joli sourire, qui contraste avec le bleu mélancolique de ses yeux.

10 – J'en suis sûre.

– Merci beaucoup pour les œufs.

Comme nous revenons vers la maison, je prends mon courage à deux mains et je me tourne vers elle :

– Je m'appelle Eugène.

15 – Moi c'est Juliette.

– Je sais. C'est joli, Juliette.

Elle sourit encore. Ses joues deviennent roses, et il me semble que ses yeux ont un éclat moins triste.

– À bientôt, Eugène !

20 – À bientôt, Juliette !

Les conserves de légumes et de fruits que nous a données Mme Lacroix, la mère de Juliette, ont été accueillies comme une fête dans notre section. Moi, je suis fier de mes œufs, et Antoine raconte à tout le monde que j'ai emballé la fille de la patronne.

25 C'est peut-être vrai… Ce qui est sûr, c'est que mon cœur bat très fort quand je pense à elle. J'ai hâte d'être à nouveau de corvée pour la revoir.

Cela m'aide à supporter la monotonie de la vie au campement : les longues heures de guet au poste de tir et l'humidité constante

30 du sous-bois. J'en oublie presque que je n'ai entendu tonner le canon qu'une fois et que la guerre paraît nous avoir oubliés.

---

6 **effleurer** toucher légèrement – 24 **emballer** *ici :* séduire – 26 **avoir °hâte** être pressé – 29 **le guet** la surveillance, la patrouille – 29 **l'humidité** *f* Feuchtigkeit

Pour tromper l'ennui, le vieil Émile a monté une forge de fortune. Il transforme les éclats d'obus retrouvés dans la forêt en cendriers ou en coupe-papier. Je veux lui en acheter un.

– Eh, gamin ! Mais c'est pour vendre aux civils, ça !

5 – Je te paie, Émile. Ça revient au même.

Le pépère hausse les épaules et me tend un coupe-papier. Moi, je suis content. J'ai une idée derrière la tête.

Avec Antoine, je retourne au moulin. Quand nous arrivons, Juliette étend du linge dans la cour. Elle a coiffé ses cheveux en 10 chignon, et cela lui va bien. Nous nous sourions.

Mme Lacroix dépose trois gros chapons et un panier rempli d'œufs sur la table de la cuisine. Tandis qu'Antoine paie notre bienfaitrice, je me tourne vers Juliette.

– Tenez : c'est pour ouvrir les lettres de votre frère.

15 Elle prend le coupe-papier, tout étonnée. Sur le manche, Émile a gravé le numéro de notre régiment. Elle le tourne et le retourne dans ses mains et ses yeux brillent.

– Merci, Eugène, souffle-t-elle.

Quand elle me regarde, enfin, la tristesse a déserté son visage.

20 Noël est venu. Il a neigé sur la forêt. Le fin manteau qui recouvre le sol a gelé pendant la nuit, si bien que le vaguemestre et ses sacs de courrier ont glissé plus d'une fois en cours de route. Heureusement, le contenu du colis envoyé par ma mère – des gants, une cagoule et un pot de confiture de fraises, 25 ma confiture préférée – est intact.

Matthias aussi m'a écrit. Le pauvre se gèle les pieds dans la terre humide d'une position arrière, tout comme moi, et se demande ce qu'on va faire de nous. J'envisage l'avenir moins sombrement : ce jour-là, j'ai décidé d'aller voir Juliette. Seul.

---

1 **tromper l'ennui** *m* faire qc contre l'ennui *(Langeweile)* – 1 **de fortune** provisoire – 2 **un éclat d'obus** *m* Granatensplitter – 3 **un cendrier** Aschenbecher – 11 **un chapon** Kapaun – 15 **un manche** *ici :* Griff – 16 **graver** (ein)ritzen – 22 **glisser** rutschen – 23 **un colis** un paquet – 24 **une cagoule** Kapuzenmütze – 28 **envisager** prévoir, imaginer

Au début, je cours sur le sentier, mais à l'approche de la clairière je ralentis. Je guette le toit du moulin à travers les arbres et mon cœur bat très fort. Juliette sera-t-elle là ?

5 La fenêtre de la cuisine découpe un rectangle doré dans la grisaille bleutée de cet après-midi d'hiver. Une main s'agite derrière le carreau. Juliette !

– Bonjour Eugène !

Elle a l'air content de me voir. Nous nous serrons la main. Elle m'aide à ôter ma longue capote, me débarrasse de mon fusil et 10 de ma musette, et sa mère m'invite chaleureusement à m'asseoir. Tout ému, je balbutie :

– Vous… vous m'attendiez ?

Mme Lacroix sourit.

– Ma fille espérait bien que vous alliez venir.

15 Je regarde Juliette. Elle a baissé les yeux en rougissant. J'aimerais lui dire que j'avais hâte de la revoir mais je me sens rougir à toute vitesse, moi aussi. Alors je me contente d'annoncer :

– Comme c'est Noël, j'ai pensé vous faire un peu de compagnie.

20 – Vous êtes gentil.

La cuisine sent bon le lait et le sucre. Mme Lacroix me sert du café, des biscuits aux pommes et des fruits confits.

Nous parlons un peu de la guerre et de ma vie à la position. Je m'entends répondre aux questions, la tête ailleurs. Juliette est 25 assise en face de moi et je ne peux pas m'empêcher de lui lancer des regards à la dérobée. Elle espérait que je reviendrais, donc cela veut dire qu'elle m'aime bien. À cette pensée je sens mon cœur s'emballer et j'ai très chaud.

Quand la pendule sonne quatre heures, je jette un coup d'œil 30 par la fenêtre. La nuit est presque complètement tombée. Il est temps de partir.

---

4 **un rectangle** Rechteck – 9 **ôter** enlever – 9 **débarrasser** *ici :* libérer – 11 **balbutier** parler de façon peu distincte – 22 **confit** *ici :* kandiert – 26 **à la dérobée** *ici :* sans être vu (par sa mère) – 28 **s'emballer** s'exciter

Je me lève à regret. Juliette me raccompagne à la porte. Sur le seuil, je cherche mes mots. J'aimerais lui dire combien j'ai aimé cet instant en sa compagnie. Mais elle m'arrête :

– Attends, Eugène. J'ai quelque chose pour toi.

5 Elle a glissé un objet dans ma main : un médaillon en or représentant la Vierge et Jésus.

– Porte-le. Il te protégera. Et puis… tu te souviendras de moi.

J'ai fait ma communion, comme tous les enfants du village, parce que ma mère y tenait. Je n'ai plus remis les pieds à l'église

10 depuis. En fait, je ne crois pas vraiment en Dieu. Mais c'est Juliette qui m'offre ce médaillon.

Je lève les yeux vers elle et, pour la première fois, je ne rougis pas.

– Je le porterai, mais je n'ai pas besoin de le regarder pour me

15 souvenir de toi, Juliette.

Elle a un sourire timide et m'embrasse sur la joue.

– Reviens vite, Eugène.

De mon retour à la position, je ne me rappelle que le cri d'Antoine, quand il m'a vu arriver :

20 – Voilà Roméo qui revient. Toujours aussi amoureux de Juliette ?

Les autres se sont esclaffés. Je n'ai rien répliqué. Comme ils ont raison ! Depuis, tous les soirs, je pense longuement à Juliette avant de m'endormir. Je serre le médaillon dans ma main et

25 c'est un peu comme si elle était à côté de moi.

Une nuit, un long sifflement me tire de ma rêverie.

Broum !

Un souffle puissant m'a soulevé de ma couche. Quand je reprends mes esprits, je suis étalé de tout mon long sur le sol

30 de l'abri, et couvert de terre des pieds à la tête.

---

2 **le seuil** l'entrée – 6 **la (Sainte) Vierge** die Heilige Jungfrau – 22 **s'esclaffer** éclater de rire – 26 **un sifflement** *ici :* Zischen – 28 **un souffle** *ici :* Druckwelle – 28 **une couche** un lit rudimentaire – 29 **reprendre ses esprits** *mpl* wieder zu sich kommen – 29 **être étalé** liegen

– Faut sortir d'ici, nom de Dieu ! beugle Riquioux. Si ça s'écroule, on est faits comme des rats.

Nous quittons l'abri en courant. Sur le seuil, j'ai un mouvement de recul. Le spectacle est terrifiant. Des obus explosent autour
5 de nous, soulevant des tourbillons de terre et de branchages. Le ciel est illuminé par les éclairs verts et rouges des fusées qui passent en sifflant. Entre ombre et lumière, les arbres semblent s'animer et lancer vers nous leurs longues silhouettes fantastiques.

10 – Aux abris ! Tous aux abris ! s'égosille un sergent.

Personne ne l'écoute. Les mains plaquées sur les oreilles, je regarde les obus qui continuent à s'écraser autour de nous et je me jette à terre quand les sifflements se rapprochent.

Des cris perçants me donnent la chair de poule :
15 – Infirmiers !

– Enfoirés de Boches ! hurle Riquioux.

Le tir a cessé. Les brancardiers passent devant nous en courant. Couchés sur les civières maculées de sang, des hommes gémissent.

20 Je regagne l'abri, très impressionné. Pour notre premier bombardement, heureusement, nous n'avons eu que trois blessés.

Nous passons toute la journée du lendemain à déblayer et à renforcer la position. J'apprends que les Allemands ont enlevé
25 nos premières lignes.

Les jours suivants, d'autres obus s'écrasent dans notre secteur. Le bombardement se poursuit une semaine durant. Nos canons

---

1 **beugler** crier – 2 **s'écrouler** zusammenstürzen – 2 **être fait comme un rat** in der Falle sitzen – 3 **avoir un mouvement de recul** zurückschrecken – 5 **un tourbillon** (Wirbel) Sturm – 6 **un éclair** Blitz – 6 **une fusée** Rakete – 8 **s'animer** prendre vie – 10 **s'égosiller** crier – 10 **un sergent** Unteroffizier – 14 **perçant** gellend – 14 **la chair de poule** Gänsehaut – 15 **un infirmier** Krankenpfleger – 17 **cesser** s'arrêter – 17 **un brancardier** Träger – 18 **une civière** Tragbahre – 19 **gémir** stöhnen – 23 **déblayer** räumen – 24 **enlever** *ici :* prendre par la force

répondent avec violence. Puis, comme par enchantement, le calme de la forêt reprend ses droits. Seuls les arbres arrachés et les crevasses dans le sol nous rappellent ce qui s'est passé.

À l'abri de la ligne fortifiée, j'ai souvent pensé à Juliette. J'ai
5 hâte de prendre de ses nouvelles et de la rassurer à mon sujet.

Le 15 janvier, je m'acquitte de ma corvée d'eau avec joie.

Antoine me précède sur la terre gelée du sentier. Les branches dénudées des arbres se dressent, immobiles, vers le ciel. Pas un mouvement, pas un bruit. Je frissonne. Que ce sous-bois est
10 sinistre !

Enfin, les branches s'espacent. Mon cœur s'emballe. Je vais enfin revoir Juliette. Encore quelques pas… et le toit pentu du moulin va apparaître entre les troncs.

Antoine lâche un cri étouffé :
15 – Nom de Dieu !

– Quoi ?

Je lève les yeux. Et, à mon tour, je me fige au bord du chemin.

Du moulin, il ne reste plus que la roue déchiquetée, les montants de la cheminée et le mur de la remise qui se dressent
20 encore vers le ciel et, tout autour, des amas de pierres et de poutres brisées. La cour, criblée de trous et de bosses, ressemble à un labour semé de débris. Un énorme chêne déraciné barre l'entrée.

Je veux me précipiter, mais Antoine me retient par la manche.
25 – Arrête ! Tu es malade ?

– Laisse-moi ! Je veux voir. Il faut que je voie !

Elle est là, sous les ruines. Peut-être encore en vie.

---

1 **comme par enchantement** *m* comme par magie *f* – 3 **une crevasse** *ici* : Riss –
4 **fortifié** *ici* : befestigt – 7 **précéder qn** marcher devant qn – 8 **dénudé** *ici* : sans
feuilles – 12 **un toit pentu** Schrägdach – 17 **se figer** ne plus bouger – 18 **déchiqueté** *ici* :
zerfetzt – 19 **une cheminée** Schornstein – 19 **une remise** Schuppen – 20 **un amas**
Haufen – 21 **une poutre** Balken – 21 **brisé** cassé – 21 **une bosse** Buckel – 22 **un labour**
ici : Pflügen – 22 **un débris** Scherbe – 22 **un chêne** Eiche – 24 **une manche** Ärmel

Je me mets à courir comme un fou. Les bidons pendus à mes épaules me gênent. Je trébuche sur une branche et m'écroule dans un grand tintamarre de casseroles. Les larmes me viennent aux yeux. Non ! je ne me laisserai pas décourager. Je repousse
5 les bidons avec rage.

Derrière moi, Antoine a crié. Je ne sais pas pourquoi, j'ai rentré la tête dans les épaules.

Bing !

Je rouvre les yeux. Le bidon couché devant moi est troué de
10 part en part. La balle s'est enfoncée dans un tronc, à quelques centimètres au-dessus de ma tête.

D'un bond, je suis sur mes pieds et je rejoins Antoine qui court déjà vers notre position. Les mitrailleuses ont remplacé les fusils et les branches d'arbre éclatent autour de nous, nous
15 fouettant le visage d'autant de bouts d'écorce.

Nous courons longtemps, le sifflement des balles aux oreilles. Quand nous arrivons à la tranchée, nous avons les joues criblées de petites coupures.

– Les Boches ! crie Antoine. Les Boches ont le moulin ! Ils ont
20 failli dégommer Eugène.

– Le moulin ? s'exclame Riquioux. Et sa Juliette, alors ?

Les camarades se sont groupés autour de nous. Je m'assois sur la banquette de tir et je jette mes bidons par terre.

– Le moulin n'est plus qu'un tas de ruines.

25 Il y a un silence. Je me mets à pleurer. Toute la section me regarde mais je m'en moque.

Le vieil Émile me tapote l'épaule.

– Allons, gamin. Sa mère et elle ont peut-être eu le temps de fuir.

30 Je sais que non. Juliette m'a donné son médaillon. C'est moi qui ai été sauvé. Je fouille dans le col de ma chemise…

---

2 **s'écrouler** *ici :* tomber – 3 **un tintamarre** un grand bruit – 15 **fouetter** peitschen –
17 **une tranchée** (Schützen)Graben – 20 **dégommer** *fam* tuer – 23 **une banquette**
un banc

Ma main ne rencontre que du vide.

Dans ma course effrénée pour sauver ma peau, je l'ai perdu.

Le soir même, on nous annonce notre départ pour un autre secteur du front d'Argonne. On a besoin de nous pour préparer
5 une grande contre-offensive, peut-être le prélude de notre victoire finale.

Le 16 janvier au matin, nous sommes relevés par un régiment de réservistes et nous reprenons la route du village sans nom où les camions de troupe nous attendent.
10 Je quitte avec soulagement ces bois maudits. Alors que chaque pas m'éloigne un peu plus du moulin, le visage souriant de Juliette flotte devant mes yeux. Son souvenir a pris place dans mon cœur, comme un regret, une douleur douce et dure à la fois, et je suis plus que jamais déterminé à me battre et à vaincre.

2 **effréné** wild – 5 **un prélude** *ici :* un début – 7 **relever** *ici :* remplacer –
10 **un soulagement** Erleichterung – 10 **maudit** verflucht – 14 **déterminé** décidé –
14 **vaincre** gagner

Chapitre 5

Les ruines de Vauquois

Une dernière secousse nous projette les uns contre les autres et notre camion s'immobilise au beau milieu d'une route de campagne. Nous descendons en silence, saisis par le spectacle
5 qui s'offre à nous.

L'horizon embrasé se découpe sur le ciel nocturne. Les lumières crépitent sans interruption, soulignant le relief accidenté des collines, et la rumeur des explosions roule jusqu'à nous avec le vent du nord. Va-t-on enfin, après des mois
10 d'attente, en découdre avec les Allemands ? Je veux le croire.

Je rejoins ma compagnie qui s'est rassemblée autour d'une cuisine roulante. Une délicieuse odeur de soupe au lard monte des marmites. J'en reçois avec bonheur une pleine gamelle : j'ai très faim.

15 Nous mangeons debout. On s'agite autour de nous. Des hommes vont et viennent, transportant des caisses de matériel, des sacs de nourriture et de courrier ; des soldats sortent des petits estaminets de bois qui bordent la chaussée. Bras dessus, bras dessous, ils chantent à tue-tête, complètement ivres.

20 Soudain, des cris :
– Poussez-vous ! Laissez passer !
Une longue colonne d'hommes a surgi de la nuit. Ils marchent lentement, le crâne enturbanné, des pansements aux bras ou aux jambes.

---

2 **une secousse** Erschütterung – 4 **saisi** *ici :* ergriffen – 6 **embrasé** entflammt – 6 **nocturne** → la nuit – 7 **crépiter** knistern – 8 **accidenté** uneben – 8 **la rumeur** *ici :* le bruit – 10 **en découdre avec qn** combattre qn – 12 **le lard** Speck – 13 **une marmite** Kochtopf – 18 **un estaminet** *vx* un bistrot, un café – 19 **à tue-tête** lauthals – 19 **ivre** betrunken – 23 **le crâne** *ici :* la tête – 23 **un pansement** *ici :* Verband

Un grand type à la main ensanglantée nous hèle.

– N'allez pas à Vauquois, les gars ! Les Boches font un massacre.

– Vous êtes du combien ?

– Du 89e. Ou de ce qu'il en reste…

5 Et il disparaît, happé par le flot des blessés qui continuent d'affluer.

Riquioux me tape sur l'épaule en ricanant :

– Alors, gamin, t'es pas content ? Toi qui rêvais de voir les Boches, tu vas être servi !

10 Je ne réponds rien.

J'ai tendu le reste de ma gamelle à Antoine : je n'ai plus faim.

Nous avons pris la route des explosions. Elles projettent des lueurs rougeâtres sur nos visages inquiets. Le chemin est jonché de débris de toutes sortes : des paquetages éventrés, des

15 lambeaux d'uniformes, des bidons, des sacs, des gamelles… Çà et là des formes boursouflées gisent, immobiles.

Des chevaux.

Des chevaux morts, étendus dans la boue, encore attelés à une charrette qui a volé en éclats. Je revois Grison, ses flancs

20 rebondis et sa crinière argentée. Gît-il, lui aussi, oublié au bord d'une route ? Je veux m'approcher mais le timon ferré de la charrette, dressé vers le ciel comme une croix sinistre, me barre le passage.

– En avant ! crie le lieutenant. On ne s'arrête pas !

25 La vue brouillée par les larmes, je réintègre les rangs, et nous reprenons notre marche, laissant derrière nous les longues silhouettes immobiles disparaître dans la nuit.

---

1 °**héler** crier – 5 °**happé** emporté – 6 **affluer** arriver en grand nombre – 13 **une lueur** une lumière – 13 **jonché** couvert – 14 **un paquetage** Marschgepäck – 14 **éventré** aufgerissen – 15 **un lambeau** un morceau – 16 **boursouflé** geschwollen, aufgedunsen – 16 **il gît, ils gisent** er liegt, sie liegen – 18 **la boue** Schlamm – 18 **attelé** attaché – 19 **une charrette** Karren – 19 **voler en éclats** *mpl* zersplittern – 20 **rebondi** rund – 20 **la crinière** Mähne – 21 **un timon** Deichsel

Petit à petit, le chemin se transforme en une véritable fondrière. L'eau ruisselle entre nos pieds. Nos semelles se détachent du sol avec un bruit de succion. Je manque plus d'une fois de m'étaler dans la boue.

5　Nous finissons par entrer en file indienne dans un boyau creusé à même la terre. Les parois luisent d'humidité et dégagent une odeur désagréable.

Je bute sur une chose molle étendue en travers du boyau.

– Qu'est-ce que c'est ?

10　– T'occupe. Avance !

Combien de temps marchons-nous ainsi à l'aveuglette, dans ce couloir étroit qui grimpe en ondulant ? Des fusées éclairent sporadiquement le ciel, et le bombardement se poursuit, toujours plus proche, toujours plus violent.

15　Nous débouchons enfin sur un large boyau, aménagé de banquettes de tir et d'abris taillés dans la terre. Des hommes assis dans l'ombre nous accueillent en grognant :

– La relève ? C'est pas trop tôt !

Tandis qu'ils passent devant nous en direction du couloir que

20　nous venons de quitter, je surprends des visages mangés par une barbe de dix jours et des capotes boueuses.

Sur nos épaules, leurs tapes sont rudes.

– Bienvenue en première ligne, les gars !

Nous avons pris nos quartiers en silence. Les abris puent.

25　Heureusement, les clayettes* qui tapissent le sol nous protègent un peu de la boue.

---

* Les soldats *tapissaient* (bedecken) le fond des tranchées et les boyaux d'accès de ces planches à *claire-voie* (ici : Lattenzaun) pour se protéger de la *gadoue* (Matsch).

---

2 **une fondrière** Wasserloch – 2 **ruisseler** couler – 2 **une semelle** Sohle – 3 **une succion** Saugen – 3 **manquer de faire qc** presque faire qc – 4 **s'étaler** tomber – 5 **en file indienne** l'un derrière l'autre – 5 **un boyau** *ici :* Verbindungsgraben – 6 **une paroi** *ici :* un côté – 6 **luir** briller – 8 **buter sur/contre qc** gegen etw stoßen – 8 **mou, molle** weich – 11 **à l'aveuglette** *f* sans rien voir – 12 **grimper** monter – 12 **onduler** *ici :* ≠ aller droit – 15 **déboucher sur un lieu** arriver dans un lieu – 17 **grogner** murren – 18 **la relève** Ablösung – 24 **puer** sentir mauvais

Monté sur une banquette, j'ajuste mon fusil dans la fente de tir. Toute la nuit, notre artillerie bombarde une position située à moins de un kilomètre de nos lignes. Puis l'horizon s'éclaircit à l'est et le bombardement cesse.

5   J'aurais préféré que le jour ne vienne jamais.

Au-delà des barbelés qui protègent notre position se déroule un champ de boue criblé de cratères de toutes tailles. Le village perché sur une petite colline, de l'autre côté, n'est plus qu'un amas de ruines fumantes, entouré d'une forêt fantôme aux
10   arbres tronqués, rabougris, tordus comme des sarments. Et partout, partout gisent des cadavres d'hommes fauchés en pleine course, des pantalons rouges mêlés aux uniformes allemands ; des formes fripées, désarticulées, qui émergent du sol ou semblent vouloir s'y enfoncer comme pour fuir le terrible
15   spectacle qu'elles donnent d'elles-mêmes sous ce ciel de plomb.

Le caporal Michelot se tient à côté de moi. Nous sommes pitoyables dans le petit matin, pâles, grelottant sous nos uniformes qui ont pris la teinte terreuse de la tranchée.

– Voilà ce qu'il reste de Vauquois, annonce le caporal en lissant
20   sa moustache d'un air pensif. Dire qu'on est ici pour enlever cette colline…

Je le regarde, horrifié. Enlever ce tas de ruines ? S'élancer à découvert, sous le feu des mitrailleuses allemandes ? Et tous ces morts, étendus devant nous, pourquoi personne n'est-il venu
25   les ramasser ?

---

1 **ajuster** *ici :* auf etw/jdn zielen – 1 **une fente de tir** Schießschlitz – 6 **un barbelé** Stacheldraht – 10 **tronqué** *ici :* dont il manque des morceaux – 10 **rabougri** kümmerlich – 10 **tordu** krumm – 10 **un sarment** (Wein)Ranke – 11 **fauché** *ici :* tué – 13 **frippé** zerknittert – 13 **désarticulé** ausgerenkt – 13 **émerger de** sortir de – 14 **s'enfoncer** einsinken – 15 **de plomb** *m* bleiern – 16 **un caporal** Obergefreiter – 17 **pitoyable** erbarmenswert – 17 **grelotter** trembler de froid – 18 **une teinte** une couleur – 18 **terreux** → la terre – 19 **lisser** glatt streichen – 20 **enlever** *ici :* prendre par la force – 23 **à découvert** *ici :* ohne Deckung

Les blessés de la gare, les chevaux sur la route et maintenant cette colline… C'est affreux. Un véritable cauchemar.

Mais le vent qui me fouette le visage est bien réel. Et l'odeur de pourriture qu'il porte me donne la nausée.

5 Dormir. Dormir pour oublier et pour recouvrir mes forces et accomplir ce pour quoi je me suis engagé dans l'armée : me battre pour mon pays, me battre jusqu'au bout, quoi qu'il arrive ! Mais il est presque impossible de dormir dans la tranchée. Les abris sont saturés d'eau et nous devons régulièrement écoper, 10 sous peine de nous réveiller au milieu d'une flaque.

Toutes les nuits, un bombardement nous tire du sommeil. Nous restons tendus, aux aguets. Les Allemands vont-ils charger ? Mais non, l'alerte passe. Nous remblayons la tranchée et nous nous recouchons. Puis ce sont les heures de guet passées à fixer 15 l'obscurité, le corps transi, les doigts bloqués sur la détente du fusil.

Un tintement léger. Je me secoue, fixe les barbelés. Un rat s'enfuit en couinant. Je me retiens de tirer pour ne pas donner l'alerte : les rats pullulent dans notre secteur. Ils grignotent nos 20 rations et se glissent dans nos paillasses. Nous les attirons avec un bout de pain et nous les abattons à bout portant.

La nourriture nous parvient au petit jour, souvent tiède et mal préparée. Mais nous mangeons quand même car nous avons faim.

---

2 **un cauchemar** un mauvais rêve – 3 **fouetter** peitschen – 4 **la pourriture** Fäulnis –
4 **qc donne la nausée à qn** von etw wird jdm schlecht – 5 **recouvrir** retrouver –
6 **accomplir** faire – 9 **saturé** plein – 9 **écoper** das Wasser ausschöpfen – 10 **sous peine** f
de pour éviter de – 10 **une flaque** Pfütze – 11 **le sommeil** Schlaf – 12 **tendu** gespannt –
12 **aux aguets** mpl à l'écoute f – 12 **charger** attaquer – 13 **remblayer** aufschütten –
14 **le guet** la surveillance, la patrouille – 15 **l'obscurité** f ≠ la lumière – 15 **transi**
starr – 15 **une détente** ici : Abzug – 17 **un tintement** ici : Klirren – 17 **se secouer** sich
schütteln – 18 **couiner** quieken – 19 **pulluler** être très nombreux – 19 **grignoter** ici :
knabbern – 20 **une paillasse** un lit rudimentaire – 21 **abattre** ici : tuer – 21 **à bout
portant** aus allernächster Nähe – 22 **tiède** pas vraiment chaud

Le seul réconfort est l'arrivée d'un café chaud.

En moins de quinze jours, je suis devenu très sale. Je ne sais pas comment j'ai fait pour ne pas tomber malade. La mauvaise nourriture et l'humidité ont envoyé plus d'un camarade à
5   l'ambulance. Moi, je résiste. À la suite d'une liaison, j'apprends que le 420e régiment d'infanterie tient la droite de notre position. J'écris aussitôt à Matthias.

Tu le sais sans doute déjà : on est voisins... On se verra peut-être un de ces jours.

10   Bien que séparés, nous partageons les mêmes épreuves. Toute cette saleté, ce froid et l'attente désespérée d'une action, qui, enfin, nous sortira de nos trous boueux. Depuis le temps que nous en rêvons...

J'ai aussi écrit à ma mère et à mon frère, mais je ne leur ai
15   rien dit de tout cela. Je ne veux pas les inquiéter. Pour eux, je suis en bonne santé et à la veille d'une offensive décisive pour la victoire. Pour moi, la victoire est un rêve dans le cauchemar que je vis. Mais je dois tenir. Coûte que coûte.

Enveloppé dans mon grand ciré jaune, la tête appuyée sur
20   mon paquetage, je suis allongé dans une niche de la tranchée. L'abri est soutenu par des poutres et tapissé d'une toile de tente. Pour une fois, j'ai chaud et je suis au sec.

Je me suis assoupi.

– Regarde-moi ça : un vrai bébé.
25   Assis à l'entrée de la cagna, de l'autre côté du boyau, Riquioux dispute une partie de cartes avec Émile.

– Les Boches nous enverraient leur plus beau feu d'artifice que tu te réveillerais même pas !

---

2 **sale** schmutzig – 5 **une liaison** *ici :* un contact réalisé avec un autre groupe de soldats – 16 **à la veille de** *ici :* juste avant – 16 **décisif** très important – 19 **un ciré** un vêtement de pluie – 21 **une poutre** Balken – 21 **une toile de tente** *f* Zeltplane – 23 **s'assoupir** s'endormir – 25 **une cagna** *mil fam* un abri de tranchée – 27 **un feu d'artifice** Feuerwerk

– Pourquoi ?

Je me redresse sur un coude. La tranchée boueuse, le ciel gris d'hiver, l'odeur aigre des corps mal lavés… Je dormais si bien, loin de tout cela !

5 Posément, Riquioux bourre sa pipe.

– Tu demandes pourquoi ? T'entends pas ce qui se passe ?

Le grondement des obus, les déflagrations… Notre quotidien. Pourquoi le grand Jules s'exclame-t-il ?

– Ça fait près d'une heure qu'ils en prennent plein la gueule, 10 là-haut.

Je m'extrais à regret de ma couche confortable pour monter sur la banquette de tir.

Là-haut, c'est Vauquois. Les obus frappent de plein fouet le sommet de la colline. Les pierres et le bois volent dans tous les 15 sens. De lourds nuages de poussière et de débris roulent le long des pentes.

– Ça sent la préparation d'artillerie. Tu paries qu'on sort bientôt de nos trous ?

Je ne parie rien du tout. Mais j'aurais dû. Moins d'une heure 20 plus tard, le capitaine nous annonce que nous attaquerons le lendemain, 17 février, à douze heures quarante-cinq.

Enfin.

À la place de l'excitation attendue, je ne ressens qu'une froide résolution. Et tandis que règne dans la tranchée la fébrilité des 25 veillées d'armes, tandis que d'autres graissent leur fusil, comptent leurs munitions ou vérifient une dernière fois leur équipement, j'écris à ma mère et à mon frère pour leur dire que

---

2 **un coude** Ellbogen – 3 **aigre** säuerlich – 5 **posément** calmement – 5 **bourrer** stopfen –
5 **une pipe** Pfeife – 7 **un grondement** *ici :* Donner – 7 **une déflagration** Verpuffung –
11 **s'extraire de** sortir de – 13 **de plein fouet** mit voller Wucht – 15 **la poussière**
Staub – 16 **une pente** Hang – 17 **ça sent qc** *ici :* ça ressemble à qc – 24 **la résolution** *ici :*
le fait d'être très décidé – 24 **tandis que** pendant que – 24 **régner** herrschen –
24 **la fébrilité** l'excitation, l'agitation – 25 **une veillée d'armes** *fpl* le soir avant une
grande bataille – 25 **graisser** *ici :* schmieren

je pense bien à eux et que je ferai mon devoir de soldat. Ce qui doit arriver arrivera. Je suis déterminé à l'affronter.

À douze heures quarante, le feu du barrage roulant* se déchaîne sur le no man's land. La compagnie est rassemblée au
5 pied du parapet. Les visages sont tendus. Des camarades récitent une prière, d'autres chantonnent ; le vieil Émile embrasse la croix cachée dans le col de sa chemise.

Moi, j'attends.

– Baïonnettes aux canons ! ordonne le sergent Lepin.
10 – Pour ce qu'elles vont nous servir ! grommelle Riquioux.

– Je t'ai demandé ton avis, peut-être ? hurle le sergent. J'ai dit « baïonnettes aux canons » ! Alors tu obéis, et les autres aussi !

Je fixe la lame au bout de mon fusil. Je suis là, dans cette tranchée, avec ceux qui attendent, redoutent ou espèrent la
15 délivrance comme moi, et en même temps si loin. Avec ma mère et mon frère, dans notre cuisine, près du fourneau où la cafetière siffle gaiement. Jean-Marie relit sa leçon du jour pendant que notre mère prépare la soupe pour le dîner. L'horloge tictaque, tranquille…
20 – *Je t'ai demandé ton avis ?* singe le grand Jules. Il le sait aussi bien que moi, nom de Dieu ! On sera morts avant d'avoir vu un seul Boche !

Il a rangé sa pipe et empoigné son fusil.

Le capitaine lève le bras. C'est l'heure.
25 Le coup de sifflet, strident, retentit trois fois.

---

* Il s'agit du *rideau* (Vorhang) de feu tendu par l'artillerie devant une formation qui attaque.

2 **déterminé** décidé – 4 **se déchaîner** *ici :* wüten – 5 **un parapet** Brüstung – 6 **une prière** Gebet – 9 **(mettre) baïonnette au canon** das Bajonett aufpflanzen – 13 **fixer** *ici :* festmachen – 13 **une lame** Klinge – 14 **redouter qc** avoir peur de qc – 15 **la délivrance** la libération – 18 **une horloge** Uhr – 20 **singer** imiter – 23 **empoigner** prendre – 25 **un coup de sifflet** Pfiff – 25 **strident** schrill

J'ai franchi le parapet, m'agrippant à la terre boueuse, luttant des pieds et des mains pour m'extraire de la tranchée. Je cours dans la fumée, entre les explosions et les vagues de terre qui retombent en crépitant. Des points rouges clignotent sur le flanc
5 de la colline : les tirs des mitrailleuses. Autour de moi, les camarades s'écroulent comme des pantins désarticulés.

Je parviens sans savoir comment au pied de la butte. Les mitrailleuses intensifient leur tir. Il y a des morts partout. Je ne peux plus courir. Je trébuche et m'étale de tout mon long dans
10 la boue. Une rafale balaie l'espace au-dessus de ma tête. Un camarade roule sur moi, le visage ensanglanté. Mort.

La mitrailleuse est à moins de cent mètres. Je distingue les casques pointus des servants qui dépassent du blindage de la planche de tir. Si j'arme mon fusil, j'ai peu de chance de les
15 atteindre et tous les risques de me faire repérer. Si seulement je n'étais pas seul ! Où est mon capitaine ? Antoine ? Jules Riquioux ? Le père Émile ? Je suis entouré de morts. Çà et là quelques têtes bougent encore : des camarades qui se sont jetés à plat ventre pour s'abriter. Mais le moindre mouvement déclenche une rafale
20 de mitrailleuse. Il faut que le tir cesse ! Il faut détruire cette mitrailleuse !

La colère me submerge. Je me mets à ramper entre les cadavres. Immanquablement, je suis repéré. Les balles fusent. Elles s'enfoncent dans les corps de mes camarades tombés sans me
25 toucher. Allez ! Encore un effort ! Je m'agrippe au sol et je roule

---

1 **franchir** *ici :* passer par-dessus – 1 **s'agripper** se tenir – 4 **crépiter** prasseln –
4 **clignoter** blinken – 6 **s'écrouler** tomber – 6 **un pantin** une marionnette – 7 **une butte**
Anhöhe – 9 **trébucher** stolpern – 9 **s'étaler** tomber – 10 **une rafale** une salve –
12 **distinguer** apercevoir – 13 **un servant** *ici :* Geschützbedienung – 13 **dépasser** *ici :*
hervorragen – 13 **un blindage** Panzerung – 14 **armer** *ici :* laden – 19 **déclencher**
provoquer – 22 **submerger** *ici :* übermannen – 22 **ramper** kriechen –
23 **immanquablement** fatalement, inévitablement – 23 **repérer** voir – 23 **fuser** *ici :*
être tiré en grand nombre – 25 **s'agripper à qc** sich an etw klammern

dans un trou de marmite*. Je suis suffisamment près maintenant. Vite, je dégoupille une grenade. Je l'envoie par-dessus le remblai et je me bouche les oreilles.

La déflagration me colle au sol.

5   Quand je reprends mes esprits, la mitrailleuse s'est tue. La voix de mon capitaine s'élève, quelque part derrière moi :

– En avant !

Le régiment n'a pas été complètement anéanti ! Nous sommes nombreux à quitter nos cachettes et à sauter dans les tranchées
10 ennemies. Elles sont pleines de cadavres. On ne peut faire autrement que marcher dessus.

Les Allemands ont creusé leur position à l'entrée du village et transformé les ruines des maisons en abris. Lorsque nous surgissons des boyaux d'accès, c'est la panique. Ils courent en
15 tous sens, et nous les abattons presque à bout portant.

Un petit groupe jaillit d'une cave, les mains en l'air, en criant :

– Prisonniers !

Antoine décroche sa baïonnette d'un geste rageur.

– Je vais me les faire, ces salauds !
20 Le caporal Michelot le désarme à grand-peine. Pendant ce temps, les soldats se hâtent de vider leurs poches sous les assauts hostiles de mes camarades. On s'empare de l'eau-de-vie, des paquets de cigarettes…

Moi, je regarde ces Allemands, les premiers que j'aie jamais
25 vus de près. Aussi jeunes et sales que nous, ils ne sont pas bien effrayants. Eux, par contre, ont l'air terrorisés. Après le coup de sang d'Antoine, ils doivent être persuadés que nous allons les

---

* Les soldats surnommaient ainsi les cratères laissés par l'explosion d'un obus, lors d'un « marmitage », un bombardement. (**une marmite** Kochtopf)

---

2 **dégoupiller** entsichern – 2 **un remblai** Erdwall – 4 **une déflagration** Verpuffung – 8 **anéantir** vernichten – 14 **surgir** *ici :* sortir soudain – 16 **jaillir** sortir – 21 **se °hâter** se dépêcher – 21 **un assaut** une attaque – 22 **s'emparer de qc** prendre qc – 22 **l'eau-de-vie** *f* Schnaps – 26 **effrayant** qui fait peur – 26 **un coup de sang** un coup de colère

égorger sur place. Cela ne me réjouit pas le moins du monde. Vaguement écœuré, je détourne les yeux.

Les camarades ont vaincu les dernières résistances à coups de grenade. Les abris éventrés fument. Soudain, une rafale de
5 mitrailleuse éclate. Pris sous son feu, nous nous réfugions dans les ruines. Un homme de liaison nous rejoint en rampant.

– L'ennemi tient encore la moitié du village !

– Mais qu'est-ce que fout le 76e ?

– Il s'est replié, capitaine. Les Allemands l'ont pris de flanc
10 avec leurs mitrailleuses…

– Il faut demander le renfort de l'artillerie !

Au même instant, une violente détonation nous jette à terre.

– C'est déjà fait, capitaine.

– Vous vous moquez de moi ? C'est leurs 77* qui…
15 Une formidable série d'explosions l'interrompt. Je m'aplatis contre le sol, la tête dans les mains. Quand je rouvre les yeux, la maison qui nous faisait face n'est plus qu'un tas de débris fumant. Un des prisonniers hurle, touché à la jambe. Je saigne, moi aussi. Un éclat a traversé mon casque et m'a entaillé le front.
20 – Repli ! ordonne le capitaine. Repli !

Nous regagnons la tranchée sous un déluge d'obus. L'Allemand porté par ses camarades hurle toujours horriblement.

– Ta gueule ! Faites-le taire, nom de Dieu !

Nous descendons la colline au pas de course. Derrière nous,
25 les explosions font voler en éclats les derniers contreforts des tranchées allemandes.

---

* Il s'agissait de l'équivalent allemand du canon de 75 français.

1 **égorger qn** jdm die Kehle durchschneiden – 1 **réjouir** rendre joyeux – 2 **écœuré** angewidert – 4 **éventré** *ici* : détruit – 6 **un homme de liaison** *f mil* un soldat qui porte des messages entre les sections de soldats – 9 **se replier** sich zurückziehen – 9 **de flanc** [flã] *m* de côté – 18 °**hurler** crier – 18 **saigner** bluten – 19 **entailler qc à qn** jdm eine tiefe Schnittwunde an etw zufügen – 21 **un déluge** *ici :* Hagel – 25 **un contrefort** Strebepfeiler

De retour à la position de départ, je retrouve Jules Riquioux et le vieil Émile légèrement blessés. La moitié du régiment est hors de combat ; Antoine, complètement hystérique, ne reconnaît plus personne. On l'embarque de force dans une ambulance : il serait devenu fou. Quant à moi, je suis cité à l'ordre du jour pour mon action contre la mitrailleuse allemande. Je ne suis plus considéré comme un bleu et suis promu première classe.

Nous ne laissons pas le temps aux Allemands de se réorganiser. Après diverses contre-attaques locales, notre régiment lance un second assaut, le 1er mars, avec plus de succès. Au terme de deux jours de combat, nous reprenons définitivement une partie du village. Les pertes, une nouvelle fois, ont été énormes.

Je n'ai jamais su exactement combien d'hommes sont tombés pour Vauquois mais, lorsque je regarde le monceau de ruines que nous avons finalement gagné, je sens monter en moi un sentiment de révolte et d'impuissance qui m'accable.

Quand le printemps revient, aucune herbe ne pousse, aucune fleur n'éclot à Vauquois pour nous le rappeler. Nous combattons la montée insidieuse des eaux de pluie dans nos abris de taupes et notre seule satisfaction est que nous ne nous gelons plus les pieds.

J'ai compris une chose : nous ne gagnerons pas en 1915. La guerre va durer des mois encore, peut-être même des années.

3 °**hors de combat** incapable de combattre – 7 **promouvoir qn** jdn befördern –
15 **un monceau** Haufen – 17 **accabler qn** *ici :* déprimer qn – 19 **éclore** *ici :* erblühen –
20 **insidieux** *ici :* schleichend – 20 **une taupe** Maulwurf

Chapitre 6

Brumes mortelles

Le 29 mars, j'ai eu seize ans. En plus des provisions habituelles, ma mère et mon frère ont joint à leur colis une superbe montre au bracelet de cuir. J'ai pleuré en les imaginant confectionner
5 le paquet, savourant à l'avance la belle surprise que j'aurais. Comment porter un tel trésor dans l'humidité et la crasse des tranchées ?

J'ai pourtant attaché la montre à mon poignet. Son tic-tac régulier me rappelle la paisible horloge de la cuisine, là-bas, à
10 Saint-Pothin. Pendant quelques instants, je partage la vie des miens…

Matthias aussi m'a écrit. Son régiment a essuyé de lourdes pertes durant l'attaque de Vauquois. Les mitrailleuses ont fait des ravages mais, comme moi, il leur a miraculeusement
15 échappé.

Le savoir sain et sauf, quelque part, de l'autre côté de la colline, me réchauffe le cœur. Un jour, peut-être, à l'occasion d'une relève ou d'un séjour en réserve, nous nous reverrons.

En avril, mon régiment a quitté Vauquois pour une semaine
20 de cantonnement dans une grange isolée, à quelques kilomètres du front.

Nous sommes remontés en ligne dans la forêt d'Argonne. Mon cœur battait fort en approchant des bois. Je pensais au petit

---

3 **une montre** Uhr – 4 **le cuir** Leder – 4 **confectionner** préparer – 5 **savourer** *ici :* genießen – 6 **la crasse** Dreck – 14 **des ravages** *mpl* Schäden – 16 **sain et sauf** gesund und wohlbehalten – 20 **un cantonnement** Einquartierung – 20 **une grange** Scheune

sentier qui menait à ce vieux moulin sur l'Aire et je revoyais, inlassablement, ses ruines fumantes…

Je n'ai rien reconnu. En l'espace de trois mois, les arbres, les grands et beaux arbres centenaires dont j'avais le souvenir ont
5 presque tous disparu, hachés par les obus ; le terrain mis à nu ondule de flaque en flaque, et l'eau ruisselle continuellement dans les trous de marmite qui tiennent lieu de tranchées.

Nous avons pris nos quartiers dans ce paysage de cauchemar. Entre deux pilonnages, nous nous affairons à remblayer les
10 boyaux, à consolider les défenses et les abris. Nous faisons souvent des découvertes macabres : les restes d'un charnier, des camarades ensevelis sous les bombardements de l'automne précédent. Nous leur creusons une tombe sommaire et nous continuons à travailler dans l'horrible puanteur qui nous rend
15 malades.

Le plus dangereux est de sortir en avant des tranchées pour réparer ou installer les barbelés. Les positions adverses sont à moins de trois cents mètres. Au moindre grincement, l'éclair d'une fusée strie le ciel, et il faut nous aplatir dans la boue, rester
20 aussi immobiles que les morts qui nous entourent, jusqu'à ce que l'obscurité soit revenue.

En juin, heureusement, nous touchons de nouveaux uniformes. Leur couleur bleu pâle* nous rend moins visibles aux yeux de l'adversaire. Je quitte sans regret mon pantalon
25 rouge qui, après avoir longtemps entretenu ma fierté, est devenu mon pire ennemi – une cible par laquelle nombre de mes

---

* Les uniformes « bleu horizon » ont été officiellement introduits dans l'armée française le 1er juin 1915.

2 **inlassablement** *ici :* encore et encore – 6 **onduler** *ici :* wogen – 6 **une flaque** Pfütze – 6 **ruisseler** couler – 9 **un pilonnage** Trommelfeuer – 9 **s'affairer** s'activer – 9 **remblayer** aufschütten – 11 **un charnier** Massengrab – 12 **enseveli** begraben – 13 **une tombe** Grab – 13 **sommaire** rudimentaire – 14 **la puanteur** une très mauvaise odeur – 17 **un barbelé** Stacheldraht – 18 **un grincement** Quietschen – 19 **une fusée** Rakete – 19 **strier le ciel** dessiner des traits dans le ciel – 19 **s'aplatir** sich flach legen – 26 **une cible** Ziel

camarades sont tombés pour ne plus jamais se relever – et qui aurait bien pu causer ma perte, à moi aussi.

Broum !
Encore un bombardement de routine. Je me tourne pour me
5 rendormir, dérangeant au passage quelques rats qui s'enfuient en couinant.
Broum ! Broum !
Cette fois, je suis complètement réveillé. J'avise Riquioux qui somnole à côté de moi :
10 – Jules…
– Quoi ?
– Ça n'arrête pas cette nuit.
– Font chier, se contente-t-il de marmonner, les yeux fermés.
Moi, je ne peux plus dormir. Ce bombardement prolongé
15 m'inquiète. Je commence à lacer mes brodequins.
– Laisse donc ! grogne Riquioux. C'est pas notre secteur.
Mais le caporal Michelot soulève la toile de tente, à l'entrée de la cagna.
– Debout les marmottes ! À vos postes !
20 – Merde alors !

Il est six heures. Sur le no man's land, les ombres de la nuit pâlissent. Des lueurs rosées, à l'horizon, annoncent l'aube d'une chaude journée.
Le bombardement a cessé. La fumée des tirs masque les
25 premières lignes allemandes, situées à quelques centaines de mètres des nôtres. Au lieu de se dissiper, elle s'épaissit au fil des minutes. Le lieutenant presse la détente de son pistolet lance-fusées. Rien, pas une ombre sur le terrain. Juste ce tapis de

---

9 **somnoler** dormir à moitié – 15 **lacer** zubinden – 15 **un brodequin** Schnürstiefel –
18 **une cagna** *mil fam* un abri de tranchée – 19 **une marmotte** Murmeltier –
22 **pâlir** devenir pâle – 22 **une lueur** une lumière – 22 **l'aube** *f* le lever du jour –
26 **se dissiper** disparaître – 26 **s'épaissir** sich verdichten – 27 **une détente** *ici :* Abzug

brume qui avance silencieusement dans notre direction. Une odeur âcre me coupe la respiration.

Riquioux a compris en même temps que moi :

– Les gaz !

5   C'est l'affolement. Les camarades courent dans tous les sens, à la recherche de leurs masques. Ces masques, on nous les a fournis au printemps, après que les Allemands eurent attaqué des lignes anglaises au moyen de gaz toxiques initialement interdits par les conventions de guerre*. Nous avions pris l'étui

10 et l'avions rangé avec notre barda. Cela ne représentait qu'un danger de plus. La première préoccupation d'alors était d'échapper à la noyade dans nos cagnas. Mais là, brusquement, le danger devient réel.

La brume mortelle avance vers nous comme une énorme

15 main prête à nous saisir. Je chausse les lunettes et ajuste le masque en retenant mon souffle. La compresse plaquée sur mon nez et ma bouche est imprégnée d'une lotion censée purifier l'air. On nous a certifié que ces protections sont efficaces**. Pourtant, lorsque le nuage nous environne, plusieurs camarades

20 abandonnent leur poste en se tordant de douleur. Je continue de respirer. Comment faire autrement ? Et puis ce n'est pas le moment de céder à la panique. Dans la brume laiteuse, des formes sombres se dessinent, grossissent à vue d'œil.

---

* Le 22 avril 1915, *au mépris de* (ungeachtet) la convention de La Haye (1889), les Allemands ont en effet attaqué les lignes alliées à Ypres en faisant usage de gaz *asphyxiants* (erstickend).

** Les *fantassins* (Infanterist) français sont *dotés* (équipé) de masques à gaz à partir de mai 1915. Il s'agit en fait de compresses imprégnées d'une solution *d'hyposulfite* (Schwefelhydroxyd) auxquelles on ajoute une paire de lunettes. Ces premiers masques offrent une protection très rudimentaire face aux gaz asphyxiants. Il faut attendre la fin de l'année pour que l'armée dispose de masques à gaz dignes de ce nom.

---

1 **la brume** Nebel – 2 **âcre** *ici* : streng – 5 **l'affolement** *m* la panique – 9 **une convention** Abkommen, Vereinbarung – 10 **un barda** l'équipement d'un soldat – 12 **la noyade** Ertrinken – 15 **saisir** attraper – 15 **chausser** mettre – 17 **censé faire qc** qui doit faire qc – 17 **purifier** reinigen – 19 **environner qc** être autour de qc – 20 **se tordre** sich krümmen

– Feu ! hurle le lieutenant. Feu à volonté !

Sans réfléchir, je me mets à tirer. Je vise, je tire, je recharge. C'est mécanique. Comme au jeu de massacre, les jours de fête, à Saint-Pothin. Les silhouettes s'écroulent les unes après les autres. Encore quelques détonations, quelques rafales de mitrailleuse. Le no man's land est un chaos fumant.

– On l'a échappé belle ! souffle le caporal Michelot en se passant la main sur le visage. On l'a échappé belle…

Moi, je reste appuyé au remblai, abruti par la soudaineté de l'assaut.

Plus au sud, le pilonnage a repris. De nouveaux nuages blancs coiffent les crêtes émoussées par les tirs. Les blessés, pour la plupart des gazés aux yeux larmoyants, affluent par dizaines, titubants, brisés par une quinte de toux. Toute une colonne du 420ᵉ régiment d'infanterie traverse ainsi nos lignes en direction des ambulances. Je scrute chaque visage avec angoisse, craignant de reconnaître des traits familiers. Mais Matthias n'est pas parmi les blessés.

Mon soulagement est de courte durée : nos premières lignes sont décimées. Profitant de la confusion, l'ennemi s'est infiltré en plusieurs endroits.

Toute la journée, les survivants tentent de contre-attaquer. En vain. Nous sommes appelés en renfort, sans plus de succès : les premiers hommes à sortir des tranchées sont fauchés par les mitrailleuses et les obus de shrapnell*. Je reçois un éclat dans la main. L'infirmier me soigne sur place, car les postes de secours sont combles.

---

* Ces obus à billes qui éclataient en l'air en *criblant* (mit Kugeln durchsieben) les alentours étaient très *redoutés* (redouter qc avoir peur de qc) des fantassins.

---

4 **s'écrouler** tomber – 7 **l'échapper belle** *expr* éviter un danger au dernier moment – 9 **abruti** *ici :* benommen – 12 **une crête** Grat – 12 émoussé stumpf gemacht – 13 **larmoyant** → une larme – 13 **affluer** arriver – 14 **titubant** schwankend – 14 **une quinte de toux** *f* Hustenanfall – 16 **scruter** observer – 19 **un soulagement** Erleichterung – 20 **s'infiltrer** eindringen – 23 **en vain** sans succès *m* – 27 **comble** plein

Au bout d'une semaine, l'offensive est abandonnée. Nous n'avons pas progressé d'un pouce et la moitié du régiment est hors de combat.

Dès que j'ai été mieux, j'ai écrit une carte à Matthias. Il n'a
5   pas répondu à la lettre que je lui ai envoyée après l'attaque aux gaz. Son silence m'inquiète. Jusqu'alors, même pris sous le feu, il a toujours trouvé un moment pour m'écrire !

À la mi-août, Jean-Marie m'apprend que Mme Duchemin n'a pas reçu de nouvelles de Matthias depuis le début du mois
10   précédent. Je sens un mauvais pressentiment me gagner. Mais, autant pour Mme Duchemin que pour moi-même, j'essaie de trouver des explications rassurantes à ce silence décidément bien inhabituel : il est possible qu'un vaguemestre ait été touché sur la route du centre de tri ; combien de sacs de courrier ne
15   sont jamais arrivés à destination depuis le début de la guerre ? Matthias peut également avoir été blessé ou fait prisonnier. Il est normal qu'il tarde à donner de ses nouvelles. Je ne sais pas si je suis convaincu par ce que j'écris. Mais une chose est sûre : nous n'avons pas d'autre solution que d'attendre.

20   Fin septembre, nous apprenons qu'une grande offensive a été lancée dans les plaines de Champagne.
Nos braves soldats défendent maintenant avec courage les positions enlevées à l'ennemi, disent les communiqués.
– Tas de conneries ! lâche Riquioux en chiffonnant les pages.
25   Nous connaissons trop bien la terrible réalité que cachent ces phrases toutes faites et ces envolées lyriques : des morts, des morts et encore des morts pour des gains de terrain insignifiants.
Et toujours pas de nouvelles de Matthias.

---

10 **un pressentiment** Vorahnung – 14 **un centre de tri** *m* Briefverteilzentrum –
24 **chiffonner** zerknüllen – 26 **une envolée lyrique** un passage poétique, émotionnel,
parfois exagéré – 27 **un gain** → gagner

L'automne est revenu. Les visages restent sombres à l'idée que nous avons déjà passé un an de guerre et que nous n'en voyons pas la fin. Une guerre qui devait être gagnée aux vendanges de 1914…

5 Durant l'été, un système de permissions a été mis en place, preuve que le conflit est loin d'être réglé. J'espère, sans trop y croire, en décrocher une pour Noël.

L'hiver est là. Les soirs de guet, grelottant dans ma capote abîmée, je piétine le sol pour me réchauffer. La nuit est glaciale,
10 le paysage figé. Les fils barbelés s'entortillent comme des toiles d'araignée autour des piquets où pendent un bout de toile, un reste d'uniforme…

De temps en temps, une fusée éclaire le ciel d'un rouge sanguinolent. Je tâtonne mon ceinturon à la recherche de ma
15 gourde. Les réveils brusques me laissent la bouche pâteuse et les yeux douloureux.

Je scrute le paysage de mort et je questionne inlassablement Matthias : que t'est-il arrivé ? Je tourne et je retourne dans mes mains une photographie prise à Dijon, du temps de notre
20 instruction, je regarde longtemps nos sourires grimaçant dans le soleil, nos visages frais et nos uniformes impeccables. De lointains souvenirs… Si lointains que j'ai l'impression funeste que les traits de Matthias se sont figés. Je range précipitamment la photographie. Mais le désespoir s'est glissé dans mon cœur
25 comme un poison sournois. Et je voudrais hurler : envoie-moi un signe, n'importe quoi, ne me laisse pas dans l'ignorance et la peur !

---

1 **sombre** *ici :* triste – 4 **les vendanges** *fpl* Weinlese – 5 **une permission** *ici : mil*
Urlaub – 7 **décrocher** *ici :* obtenir – 9 **piétiner** *ici :* sauter d'un pied sur l'autre – 10 **figé**
immobile – 10 **s'entortiller** sich winden – 11 **Une toile d'araignée** Spinnwebe –
11 **un piquet** Pflock – 14 **sanguinolent** → le sang – 14 **tâtonner** chercher qc en touchant
des mains – 15 **une gourde** Trink-/Feldflasche – 15 **avoir la bouche pâteuse** ein pelziges
Gefühl im Mund haben – 17 **inlassablement** infatiguablement – 22 **funeste** *ici :*
dunkel – 23 **précipitamment** vite – 24 **le désespoir** Verzweiflung – 25 **un poison**
Gift – 25 **sournois** perfide – 25 °**hurler** crier – 26 **l'ignorance** *f* le fait de ne pas savoir

Bien sûr, Matthias ne répond pas. Je reste seul tandis que le froid me paralyse et que les marmitages continuent à écraser les collines.

Comme je m'y attendais, je n'ai pas obtenu de permission
5 pour décembre. La veille de Noël, je reçois un colis de ma mère rempli de bonnes choses : jambon, saucisson, pâtés, conserves de légumes… que je partage avec mes camarades.

Une lettre écrite par Jean-Marie l'accompagne. Matthias, mon ami d'enfance, a été gazé le 13 juillet 1915 dans la forêt
10 d'Argonne. Cinq mois de silence plus tard, sa mère recevait son avis de décès.

---

2 **paralyser** lähmen – 5 **la veille de Noël** le jour avant Noël – 11 **un avis** *ici :* Mitteilung – 11 **le décès** la mort

Chapitre 7

Le blessé de Cumières

Je me suis assis sur ma paillasse, sans un cri, sans un pleur. Je fixais ces quelques mots écrits à l'encre sur une feuille d'écolier. Jean-Marie avait-il bien compris ? Avait-on confondu Matthias 5 avec un de ses camarades ? Il avait peut-être perdu ses papiers dans la bataille et trouvé le temps de fuir.

Mais non. Matthias, mon ami d'enfance, est mort.

C'était ce que je redoutais, ce que je refusais de m'avouer depuis des mois. Le froid humide de la cagna m'arrache un 10 frisson, et je revois ces dizaines de gazés qui déferlaient des premières lignes, atteints d'un mal contre lequel on ne pouvait rien. Et ces morts. Tous ces morts, abandonnés sur le champ de bataille, enfouis dans les tombes fraîchement creusées, alignés le long des routes ou chargés sur les charrettes poussives 15 revenant à l'arrière.

Alors, enfin, je réalise que je ne reverrai pas Matthias au détour d'une corvée. Nous ne nous serrerons plus la main, nous ne rirons plus ensemble. Nous ne nous retrouverons jamais au café du Coin.

20 Tout à coup, je ne vois plus rien. L'abri, ses poutres rongées par les termites, le mur ruisselant d'eau devant moi, tout s'est brouillé. Dans mes mains sales, la lettre de Jean-Marie n'est plus qu'un bout de papier froissé, souillé de terre et de larmes.

Cet après-midi du 7 mars 1916, le sergent Lepin est entré en 25 trombe dans le réfectoire. C'est notre deuxième jour de repos,

---

3 **l'encre** *f* Tinte – 10 **déferler** *ici :* strömen – 13 **une tombe** Grab – 14 **poussif** *ici :* qui avance avec difficulté – 16 **au détour de** *ici :* pendant – 17 **une corvée** *ici :* un travail qu'un soldat doit faire pour les besoins du camp – 22 **se brouiller** *ici :* ne plus être clair, se troubler – 23 **froissé** zusammengeknüllt – 23 **souillé** sali – 24 **en trombe** soudain, très vite

dans un cantonnement au bord de l'Aire, et pour la première fois depuis longtemps nous avons eu des frites au déjeuner.

– Faites vos paquetages en vitesse. On part dans une heure.

Comme d'habitude, Riquioux a grogné.

5 – Encore du grabuge dans les bois ?

– Non, pas cette fois. Les Allemands ont attaqué dans le secteur de Verdun. Le fort de Douaumont est entre leurs mains, et ils progressent partout.

– Merde alors !

10 Moi, je me tais. Le caporal Michelot me tapote l'épaule.

– Debout, Eugène. On a besoin de nous, là-bas.

– Oui, caporal.

Je me suis levé. Il connaît ma peine. Il sait que Matthias était mon meilleur ami, que nous nous étions engagés ensemble.

15 Mais la guerre continue. En souvenir de Matthias, pour nos familles, je dois me battre.

Le caporal me sourit. Je crois qu'il m'aime bien. Je le soupçonne de s'être toujours douté de mon âge véritable.

Nous avons pris les camions une nouvelle fois.

20 À notre descente dans une petite gare improvisée au pied d'une colline, nous nous regroupons. Personne n'en croit ses yeux. L'horizon est en flammes. Les canons bombardent dans un roulement continu, et, bien que la nuit soit tombée depuis longtemps, le ciel est éclairé comme en plein jour.

25 – Là, ça rigole pas, marmonne Riquioux.

C'est un spectacle tel que nous n'en avons jamais vu, et nous allons en devenir les acteurs. Je pense aux camarades qui s'y trouvent déjà, qui y meurent. Si l'on nous a appelés en renfort, si l'on a dégarni le front de l'Argonne pour celui-ci, c'est qu'il

30 s'y déroule plus qu'une bataille : une véritable tuerie. Mes camarades doivent penser la même chose. Le dégoût et la résignation se lisent sur leurs visages.

---

5 **le grabuge** *m* Krach – 23 **un roulement** Grollen – 29 **dégarnir** retirer les troupes – 30 **une tuerie** → tuer (Gemetzel)

– 3ᵉ compagnie, formez les rangs ! a crié le capitaine.

Et nous sommes partis.

Dans ces moments-là on ne pense pas à ce qu'on va devenir. On regarde où l'on met les pieds car la terre est devenue un 5 véritable marécage, des sables mouvants où l'on peut être englouti à tout moment sans crier gare. Quand le vieil Émile glisse dans une flaque, nous l'en retirons à grand-peine. Il y laisse sa cartouchière et récupère tant bien que mal son fusil.

Nous progressons courbés pendant un temps qui me paraît 10 infiniment long. Nous croisons des squelettes de bois, des tronçons de route coupés par des trous de marmite. Dans les fossés, des dizaines de blessés attendent les secours en gémissant, serrés les uns contre les autres. Beaucoup sont déjà morts.

15 Nous nous enfilons dans un boyau qui grimpe en pente douce vers un bout de tranchée défoncée. Ayant pris la relève d'un régiment de réservistes, nous nous entassons au fond en attendant l'aube.

Des rumeurs circulent :

20 – Eh ! les gars. Vous ne devinerez jamais comment ça s'appelle ici ? Le Mort-Homme…

– Ben ça promet !

– Il y a un village en ruine, juste en face. On va tous y laisser notre peau…

25 L'aube se profile sur les collines. Le sergent Lepin nous informe que nous formerons la seconde vague d'assaut.

– Nous devons tenir Cumières coûte que coûte. Rappelez-vous que le commandant veut des résultats.

– Il nous fait chier, ton commandant ! lâche Riquioux.

---

5 **un marécage** Sumpf – 5 **les sables mouvants** Treibsand – 6 **engloutir** versenken – 6 **sans crier gare** *expr* ohne Vorwarnung – 7 **glisser** rutschen – 7 **une flaque** Pfütze – 8 **une cartouchière** Patronentasche – 9 **courbé** gebeugt – 11 **un tronçon** Abschnitt – 12 **un fossé** Graben – 13 **gémir** stöhnen – 15 **grimper** *ici :* ansteigen – 16 **défoncé** détruit – 18 **l'aube** *f* le lever du jour – 22 **ça promet !** das fängt ja gut an! – 23 **y laisser sa peau** *expr fig* mourir

– Tu as de la chance que je connaisse ta grande gueule, Jules. Un autre t'aurait envoyé au tourniquet il y a longtemps. Tu y penses, des fois ?

Riquioux se rassoit, marmonne quelque chose où il est
5 question d'un troupeau de moutons conduit à l'abattoir.

Terrés dans la tranchée, nous écoutons le grondement du barrage roulant, auquel les Allemands répondent par un tir plus violent encore.

– Connards de Boches ! braille Riquioux. Allez vous faire foutre !
10 Les obus s'écrasent autour de nous. La terre et les sacs dégringolent des parois.

C'est le moment.

Nous sortons en vrac, dispersés par l'explosion d'un shrapnell. Je me retrouve à courir entre les trous de marmite et les flaques
15 de boue. Devant moi, le barda du grand Jules tressaute, le quart accroché au ceinturon lui bat les reins. Je guette le départ des obus. Le sifflement d'un gros noir* qui approche…

Je me jette à terre. Une vague gigantesque me soulève du sol. Je retombe brutalement sous une pluie de débris.
20 Quand je relève la tête, il y a devant moi un énorme cratère. Je rajuste mon casque d'une main tremblante. Un peu de terre coule sur mon visage, mais pas une goutte de sang. Je ne suis pas blessé, juste endolori. Un miracle !

Et Riquioux ?
25 Je rampe pour contourner la crevasse.

– Jules ! Eh ! Riquioux !

---

* Obus de gros calibre. En apparence terrifiants, ces projectiles (Geschoss) n'étaient mortels qu'en cas de coup au but de leur *cible* (Ziel), ce qui restait assez rare *compte tenu de* (in Anbetracht) l'imprécision des tirs. Reconnaissables au sifflement de leur *trajectoire* (Flugbahn) et au bruit de leur explosion, ils pouvaient être évités par les fantassins.

2 **un tourniquet** *ici : mil vx fam* un conseil de guerre, un *tribunal* militaire (Gericht) –
5 **un troupeau** Herde – 5 **un abattoir** Schlachthof – 11 **dégringoler** tomber – 13 **en vrac**
en désordre – 13 **dispersé** *ici :* zersprengt – 15 **un quart** *ici :* une tasse en métal qui
contient 25 cl – 16 **un rein** Niere – 23 **endolori** qui ressent de la *douleur* (Schmerz) –
25 **ramper** kriechen – 25 **une crevasse** Riss

Le caporal Michelot m'empoigne par les épaules.

– Pas le temps, Eugène ! En avant !

Nous reprenons notre course effrénée dans le carnage. La vague précédente a tranché les barbelés ennemis et enlevé la 5 première ligne à coups de grenade. Mais nous sommes bloqués dans les ruines de ce qui devait être la grande rue du village par une mitrailleuse qui tire d'une fenêtre, on ne sait où. Retranchés derrière un mur, nous attendons.

La maison a été repérée. Passent trois minutes interminables. 10 Frappée de plein fouet par un obus de mortier, la façade s'écroule. Nous nous élançons, baïonnette au canon.

Les groupes de défenseurs sont décimés par les grenades, leurs abris passés au lance-flammes. Nous débouchons sur une sorte de place. Les balles fusent dans tous les sens. Près d'un 15 lavoir, des camarades luttent à la baïonnette contre une poignée d'Allemands armés de casse-tête. Je me précipite pour leur prêter main-forte.

Une détonation. Une vive douleur me traverse la jambe.

Je m'écroule.

20 Quand j'ai rouvert les yeux, j'étais allongé sur le ventre. Mon premier réflexe a été de tâter mes jambes. Elles étaient toujours là, mais j'ai ramené ma main couverte de sang. Et mon bras gauche ne voulait plus bouger. Alors seulement j'ai repris tous mes esprits et j'ai pu regarder autour de moi.

25 Le vent souffle des volutes de fumée sur la place jonchée de débris. La mort a fauché les hommes par grappes, mêlant les uniformes verts et bleus. Rien ne bouge. Plus haut dans les ruines résonnent les détonations et les cris d'un combat. Je sens l'affolement me gagner.

---

3 **effréné** wild – 3 **un carnage** un massacre – 4 **trancher** couper – 9 **repérer** voir, trouver – 10 **de plein fouet** mit voller Wucht – 10 **un mortier** Granatwerfer, Mörser – 15 **un lavoir** un endroit public où à l'époque on lavait le linge – 15 **une poignée de** quelques – 16 **un casse-tête** *ici :* Totschlager – 16 **prêter main-forte à qn** aider qn – 25 **une volute** Windung – 25 **jonché de qc** recouvert de – 26 **une grappe** Traube *(ici : fig)* – 29 **l'affolement** *m* la panique

Depuis quand suis-je étendu ici ? Mes camarades ont-ils réussi à passer ? Ou serais-je le seul survivant ? Les brancardiers m'auraient-ils cru mort comme les autres ?

Non, c'est impossible. Les secours vont arriver. Ou alors, si
5 les camarades tiennent la position, un ou deux reviendront chercher les blessés. En attendant, je peux me soigner. Mais il me faut un appui pour me panser. Heureusement, le lavoir est tout proche.

En m'aidant de mon bras et de ma jambe valides, je me mets
10 à ramper. La manœuvre prend du temps. À chaque mouvement, la douleur m'arrache presque des larmes. Encore un effort… et je m'adosse péniblement au mur du lavoir.

Mes blessures ne sont pas belles à voir, mais elles n'ont pas l'air bien profondes non plus. Je tâte mes poches à la recherche
15 des pansements.

C'est alors que je le vois.

L'homme en vareuse verte, couché en position de tir, à quelques pas de moi.

Instinctivement, je tâte le sol à la recherche de mon fusil.
20 Horreur ! Je l'ai laissé avec la baïonnette, là où je suis tombé. Je n'ai plus de grenades non plus. Juste le couteau dont je me sers pour racler mes molletières couvertes de boue. Tant pis. Je m'en saisis, prêt à faire face.

L'homme n'a pas bougé. Il n'est pas mort cependant : ses
25 paupières battent et son regard est fixé sur moi. C'est un grand type aux joues creuses et noircies par une barbe de trois jours. Dans ce visage maigre, les yeux paraissent jaillir hors de leurs orbites. Il me faut un moment pour remarquer le sang qui s'écoule d'une plaie à la tempe. À moitié rassuré, je me détourne
30 en quête de mon paquet de pansements.

---

2 **un brancardier** Träger – 7 **un appui** Stütze – 7 **panser** verbinden, versorgen –
12 **s'adosser à qc** mettre son dos contre qc – 15 **un pansement** Verband –
21 **un couteau** Messer – 22 **racler** abkratzen – 22 **une molletière** Wickelgamasche –
22 **tant pis** sei es drum – 23 **se saisir de qc** prendre qc – 25 **une paupière**
Augenlid – 28 **une orbite** *ici :* Augenhöhle – 29 **une plaie** Wunde – 29 **la tempe**
Schläfe – 1 **un râle** Röcheln

Le temps de déplier une bande… Un râle entrecoupé de mots que je ne saisis pas me fait risquer un nouveau regard de côté. L'Allemand me fixe toujours. Et il tend une main implorante. Ma gourde.

5 Il voudrait que je lui donne à boire ! Il me semble entendre la voix de Riquioux : « Un Boche ? Peut toujours crever ! » Pourtant…

Je dévisse le bouchon. La gourde est encore pleine aux trois quarts. Je jette un coup d'œil sur l'Allemand. Le sang a formé 10 une petite flaque sous son bras tendu. J'ai honte. Je le laisserais mourir en le regardant dans les yeux ? Un crime ! Ce serait un crime ! Nous sommes tous les deux blessés. Et si l'on nous a oubliés, la mort ne fera aucune différence. Sur cette place dévastée, la guerre n'a plus de sens. Alors je lève ma gourde :

15 – Boire… ?

Il hoche la tête. Je tends la gourde. Il tend la main. Nous sommes trop loin l'un de l'autre.

– Mince !

Grimaçant de douleur, l'Allemand s'agrippe au sol pour se 20 rapprocher. Adossé au mur du lavoir, il reste un long moment immobile, les yeux fermés, en respirant très fort. Puis il verse un peu d'eau dans sa main tremblante et s'asperge le front.

Un léger sourire s'esquisse sur ses lèvres.

– Merci, souffle-t-il.

25 Comme je le regarde, tout étonné, il articule dans un nouveau sourire :

– Je parle un peu français. Je m'appelle Willi.

– Moi, c'est Eugène.

Pendant que je finis de me panser, il sort une photographie 30 jaunie de sa poche de cœur. Une jeune femme est assise dans un fauteuil en osier, un bébé sur les genoux. Willi les contemple quelques instants en silence puis se met à pleurer. Je voudrais

---

2 **saisir** *ici :* comprendre – 3 **implorant** flehend – 8 **dévisser** aufschrauben – 14 **dévasté** verwüstet – 31 **un fauteuil en osier** *m* Korbsessel

lui dire un mot gentil, mais je ne trouve pas quoi. C'est lui qui se tourne vers moi.

– Tu es papa toi aussi ?

– Oh non !

5   À mon tour, je lui montre la seule photographie que j'ai emportée de la maison. Jean-Marie et moi posons de part et d'autre de la chaise où notre mère trône, solennelle, les mains jointes sur les genoux. C'était en 1912, je venais de réussir mon certificat d'études. J'avais ce regard d'enfant doux et franc,
10   encore un peu rêveur.

Willi lit la date et s'exclame :

– Tu es très… jeune !

Je hausse les épaules :

– J'ai choisi.

15   Il me rend la photo avec un regard ému. Et moi, je ne peux m'empêcher d'avoir les larmes aux yeux en rangeant ce précieux souvenir dans la poche de ma vareuse.

Le temps passe. Le vent glacé nous apporte toujours la rumeur du combat qui se poursuit au nord.

20   Je ne sens plus ma jambe blessée. Petit à petit, le froid a anesthésié la douleur et je commence à grelotter. J'aimerais voir des camarades vivants, j'aimerais échapper à la vue de ceux qui jonchent la place autour de nous.

Willi s'est recroquevillé contre le mur du lavoir et a fermé les
25   yeux. Est-il mort ? Non, il respire toujours. Il est juste endormi. Mais il ne faut pas qu'il dorme ! S'il dort, il va mourir. J'essaie de le réveiller. En vain. Alors le désespoir s'empare de moi. Personne ne viendra-t-il nous sauver ? Sommes-nous destinés à mourir ici, de froid, de douleur et d'épuisement ?

30   J'ai peur en pensant à ma mère et à mon frère. Surtout ne pas leur faire vivre le calvaire de Mme Duchemin. Qu'ils

---

7 **solennel** [sɔlanɛl] tiefernst – 21 **anesthésier** betäuben – 21 **grelotter** trembler de froid – 24 **se recroqueviller** sich zusammenkauern – 27 **en vain** sans succès – 29 **l'épuisement** *m* une grande fatigue – 31 **un calvaire** un martyre

n'apprennent pas ma mort dans cinq mois, encore moins par un de ces foutus avis de décès, sec et impersonnel comme une gifle méprisante sur leur chagrin. Je sors une carte et un crayon de ma poche. Mes doigts sont transis, mais qu'importe : je dois
5 réussir à écrire ces quelques mots de pardon et d'adieu. Ceux qui retrouveront mon corps enverront la carte. Cette perspective me donne la force de tenir le crayon.

J'écris les premiers mots, lentement :

Très chère maman…

10 Un bruit de voix m'arrête.

– Tu veux que je te dise, Albert ? On perd notre temps ici. Ils sont tous morts, tes blessés !

Je relève la tête, le cœur battant. Deux hommes inspectent les ruines, au bout de la place. À leur manche, un brassard blanc
15 frappé d'une croix rouge. J'ai du mal à réaliser : les secours ! Le soulagement est tel que les larmes me viennent aux yeux.

J'agite mon bras valide :

– Ohé ! Par ici !

– Ah, tu vois ? lance le dénommé Albert à son compagnon. Il
20 n'est pas mort, celui-là. Tiens bon, mon gars, on arrive !

Visiblement ragaillardis, les infirmiers auscultent mes plaies, passent un bras sous mes aisselles pour me relever.

– Tu peux marcher ?

– Non. Je ne peux pas plier la jambe. Mais attendez…
25 Quelque chose a bougé sur ma droite et mon cœur a fait un bond. Willi ! Willi n'est pas mort ! Sans doute réveillé par nos voix, il se redresse en grimaçant.

– Lui aussi est blessé, dis-je, presque joyeusement.

– Ah ouais ? bougonne Albert à voix basse. Les Boches, ça a
30 la tête dure, pourtant !

---

4 **transi** *ici* : völlig durchgefroren – 14 **une manche** Ärmel – 14 **un brassard** Armbinde –
21 **ragaillardi** aufgemuntert – 21 **ausculter** examiner – 21 **une plaie** Wunde –
22 **une aisselle** Achselhöhle

Tandis qu'il déroule un pansement, j'échange un sourire avec Willi. Il m'adresse un léger signe de la main.

– Encore merci !

Alors je souffle :

5 – Bonne chance, Willi !

Les infirmiers me ramènent à l'arrière couché sur une civière. Ma jambe ballottée se réveille petit à petit. J'en pleurerais presque de joie. Moi qui me voyais déjà paralysé à vie ! Je dois encore supporter les cahots de l'ambulance. À mon arrivée à
10 l'hôpital de campagne, je me tords de douleur. Le chirurgien m'ôte deux éclats de grenade, l'un dans mon genou droit, l'autre dans la chair de mon bras gauche.

À mon réveil dans la salle commune, je cherche vainement Willi des yeux. Je fais alors une chose que je n'aurais jamais
15 pensé pouvoir faire sincèrement un jour : je prie. Je demande à Dieu de me punir pour mon incroyance, mais de prendre pitié de ce soldat allemand, de le protéger, pour qu'il puisse un jour retrouver sa femme et son enfant. Depuis, je me sens mieux. Je veux croire que Willi a été soigné et qu'il a survécu.

20 Je reste quatre jours à l'hôpital. Le matin du 11 mars, un officier vient m'annoncer qu'une permission de dix jours dans mes foyers m'est accordée pour me rétablir complètement. Une permission ? Au beau milieu de cette gigantesque bataille ? Pendant que tous mes camarades se battent ? J'étais tellement
25 persuadé de regagner le front dès que je pourrais marcher librement que je suis presque déçu. Bien sûr, j'ai formulé à plusieurs reprises des demandes de permission qui m'ont toujours été refusées. Mais c'était des mois plus tôt. Tant de choses se sont passées depuis…

---

7 **une civière** Tragbahre – 7 **ballotté** geschüttelt – 9 **un cahot** Stoß – 10 **se tordre** *ici :* sich krümmen – 11 **ôter** enlever – 12 **la chair** Fleisch – 15 **prier** beten – 16 **punir** bestrafen – 22 **le(s) foyer(s)** sa maison – 22 **accorder** permettre, autoriser

La perspective de retrouver ma mère et mon frère me rend anxieux. Bien sûr que je les aime et que je veux les revoir. Mais rien ne s'est passé comme je l'attendais. Tout a été si différent…

J'ai peur de leur regard, de leur réaction. Peur de ce qui
5 m'attend là-bas.

L'après-midi pourtant, je me rends à l'état-major du régiment pour retirer mon ordre de permission. Et, le lendemain, le bras gauche en écharpe et le droit prenant appui sur une béquille de bois, je me joins à un convoi de permissionnaires en partance
10 pour Lyon.

Le grondement des marmitages sur les pentes du Mort-Homme résonne à mes oreilles comme un tonnerre lointain. Je pense à tous mes camarades : Émile, le caporal Michelot, le sergent Lepin, mon capitaine et le brave Riquioux. Je voudrais
15 être avec eux en cet instant. Mais je suis debout sur le quai d'une gare, dans l'attente d'un train qui me ramènera chez moi.

Dès que j'ai appris la nouvelle de ma permission, j'ai envoyé un télégramme pour annoncer mon arrivée ; une de ces cartes où l'on nous représente, nous, poilus généralement sales et
20 puants, en soldats rasés de près et vêtus d'un uniforme clinquant, au seuil de notre foyer où notre famille nous accueille avec joie. *Le retour du glorieux combattant,* indiquent des arabesques roses.

Je ne sais pas si je suis glorieux avec mes pansements au bras
25 et au genou, ni si je recevrai un accueil triomphal. Mais, au moins, je suis propre. Et après un an et demi d'absence, je reviens chez moi.

Matthias, lui, ne rentrera jamais chez lui.

---

2 **anxieux** inquiet, stressé – 6 **se rendre** aller – 6 **l'état-major** *m* Stabsquartier –
8 **en écharpe** *ici :* in der Schlinge – 8 **une béquille** Krücke – 12 **résonner** *ici :* se faire
entendre – 12 **le tonnerre** Donner – 19 **poilu** voir p. 45 – 20 **puant** qui sent mauvais –
21 **clinquant** glanzvoll

Chapitre 8

Les ombres du passé

Après une partie de la nuit passée dans une correspondance pour Vienne, j'attends le matin du 13 et l'arrivée du premier tacot pour Saint-Pothin en somnolant sur un banc de la gare.

5   Le train est plein. À mon grand soulagement, je ne reconnais aucun passager. Je ne me sens pas encore prêt à affronter des visages familiers.

Tout au long du trajet, je surprends des regards, des sourires émus ou admiratifs : *quel courageux soldat s'en revient ainsi* 10 *chez lui ?* Il y a encore un an, gonflé d'importance, j'aurais certainement engagé la conversation. Mais je reste enfoncé dans mon siège, le visage tourné vers la vitre. Je guette la première station, à l'entrée du village.

Je remonte lentement la rue Neuve. Il fait gris et froid et la 15 chaussée est détrempée. Je m'en moque : j'ai l'habitude. Ce qui m'étonne, c'est le silence. C'est l'heure du déjeuner et il n'y a personne dans les rues. Les façades des maisons, noires d'humidité, se succèdent, paisibles, comme endormies. Je n'ai pas vu de village debout depuis mon départ au front. Le mien 20 est entier mais semble tout aussi mort. Mes oreilles bourdonnent bizarrement.

J'arrive au carrefour des Quatre-Chemins. La forge du père Marceau fume. Un tas de braises refroidit à l'entrée, des roues sont appuyées contre le mur. Assis sur un baquet retourné, le

---

5 **un soulagement** Erleichterung – 10 **gonflé** *ici* : sich in die Brust werfend –
10 **l'importance** *f ici* : la fierté, l'arrogance *f* – 15 **la chaussée** la rue – 15 **détrempé**
aufgeweicht – 20 **qn a les oreilles** *fpl* **qui bourdonnent** jd hat ein Rauschen in den
Ohren – 23 **la braise** Glut – 24 **un baquet** Bottich

forgeron sauce sa gamelle avec un jet de pinot. Il me regarde approcher d'un drôle d'air.

J'essaie de prendre un ton enjoué :

– Bonjour, monsieur Marceau.

5   Il pose sa gamelle, la bouche grande ouverte.

– Ben ça alors !

– Vous vous rappelez Eugène ? Eugène Ruy, dis-je.

Son regard s'attarde sur mon bras en écharpe et ma béquille.

– Eugène. Mais oui, mon gars, je t'ai pas oublié, seulement…

10   Il paraît hésiter.

– C'est vraiment parce que t'es le seul à venir en permission ces jours-ci… L'uniforme, ça change !

Il essaie de rire. Je ne suis pas dupe.

Un gars en blouse s'est accoudé à la porte, derrière lui : un
15   nez busqué, une ombre de moustache et, au fond des yeux, une lueur sournoise qui me déplaît. Que fait-il à l'arrière, celui-là ? Pourquoi n'est-il pas au front ? Je veux le saluer, mais, m'ayant aperçu, il détourne le regard et rentre dans l'atelier sans un mot. C'est ça, trouillard ! Cours te mettre à l'abri.

20   – Ils t'ont un peu amoché, dis-moi ? continue le père Marceau qui n'a rien vu.

– Oh ! ça ira. Dans une semaine je serai guéri.

– Ah ! bon.

Je le regarde, étonné. Pourquoi ne me parle-t-il pas du front,
25   des Boches qu'on devait mettre dehors à coups de pied au cul ? Pourquoi ne me présente-t-il pas le type en blouse ? Pourquoi garde-t-il le silence et ce sourire gêné sur les lèvres ?

Je m'enquiers :

– Au village, ça va ?

30   – Bah ! tu sais. Il n'y a plus de jeunes, puisque vous êtes tous partis. On s'organise.

---

1 **une gamelle** Essnapf – 1 **le pinot** une sorte de vin – 2 **un drôle d'air** *m* un air bizarre – 3 **enjoué** joyeux – 13 **être dupe** sich täuschen lassen – 14 **s'accouder** sich mit den Ellbogen auf etw stützen – 15 **busqué** Haken- – 16 **une lueur** une lumière – 16 **sournois** hinterhältig – 19 **un trouillard** *fam* une personne qui a peur – 20 **amocher qn** jdn übel zurichten – 28 **s'enquérir** demander

J'ai envie de lancer : « Et le gars, derrière toi ? Il est resté par charité chrétienne ou parce qu'il a trop peur de se faire trouer les fesses ? » Mais je me tais.

— En plus… il y a déjà près de quarante tués. Tu dois le savoir, mais…

Oui, je sais. Mais la boule qui s'est formée dans ma gorge m'empêche de parler.

— Ton camarade Matthias… il est sur la liste.

Il l'a dit. Les mots m'ont frappé au cœur comme un poignard dans une blessure encore fraîche.

— C'était un bon garçon. Vous en avez eu du courage, tous les deux, pour partir comme ça… Tout le village le dit : de vrais enfants de la patrie, hein !

De nouveau, il a ce petit rire gêné. C'est plus que je n'en puis supporter. Je coince ma béquille sous le bras pour lui serrer la main.

— Merci, monsieur Marceau, dis-je fermement. Je dois y aller, maintenant. Ma mère doit m'attendre.

— Oh ! pour ça, elle va être contente de te voir. Va vite, mon gars. Tu repasseras boire le café, hein ?

Je ne réponds rien. Un groupe d'hommes est sorti sur le seuil du café du Coin. Je reconnais parmi eux des ouvriers du père Fayolle. Même Faustine est à la fenêtre. Je les salue de loin. Je n'ai pas envie de m'attarder davantage.

Heureusement, la rue de la Gare est déserte. Je m'apprête à franchir les vingt derniers mètres qui me séparent de la maison quand un cri retentit.

— Eugène ! Eugène est là !

Comme un diable surgi hors de sa boîte, un grand jeune homme à lunettes dévale les escaliers et se jette sur moi.

— Jeannot ?

2 **la charité** Nächstenliebe – 6 **une boule** *ici* : Kloß – 9 **un poignard** Dolch –
25 **s'apprêter à faire qc** kurz davor sein etw zu tun – 30 **dévaler** descendre très vite

C'est bien mon frère. Grandi, grossi, les cheveux peignés, luisants de brillantine, séparés par une raie nette sur le côté. Je pense au gringalet que j'ai quitté un an et demi plus tôt et je le serre dans mes bras, trop ému pour pouvoir parler.

5 Jean-Marie éclate de rire.

– Comme c'est bon de te revoir ! Laisse-moi porter ton sac et prends mon bras ! Je voulais t'attendre à la gare, mais comme il pleuvait et qu'on ne savait pas à quelle heure tu arriverais, maman n'a pas voulu. Comme tu as changé ! Tu n'as pas froid ?
10 Depuis quand marches-tu comme ça ? Pourquoi n'es-tu pas descendu à la gare ?

Je grimpe les marches du perron, étourdi par le flot de ses questions. La porte de la cuisine est ouverte ; sur la table, le couvert est mis. Ma mère est assise près du poêle, les mains
15 croisées sur son grand tablier blanc.

Je m'arrête sur le seuil, le cœur battant. M'a-t-elle entendu ? J'ai envie de crier « maman ! » mais je me tais. Elle s'est levée et me dévisage, immobile, pendant un temps qui me paraît interminable. Deux larmes glissent sur ses joues, jusque dans
20 le col de son corsage et je vois qu'elle a mis sa belle robe bleue des jours de fête.

Je souris :

– Maman !

Elle se précipite vers moi en pleurant.
25 Je la laisse m'étreindre et me caresser les cheveux comme lorsque j'étais enfant. L'espace d'un instant, je suis redevenu un enfant. Je suis de retour chez moi. La boucle est bouclée, la guerre n'a jamais existé. Je n'ai jamais quitté la maison.

– Ça va aller, maman. Je suis là.

---

1 **peigné** gekämmt – 2 **luisant** brillant – 2 **une raie** Scheitel – 3 **un gringalet** Schwächling – 14 **un poêle** [pwal] Ofen – 15 **un tablier** Schürze – 18 **dévisager** observer – 20 **le col** Kragen – 20 **un corsage** Oberteil – 25 **étreindre qn** jdn umarmen – 27 **la boucle est bouclée** *expr* être revenu au point de départ

Je m'étais attendu à des cris, à des reproches. Mais rien que ces pleurs, tous ces pleurs, des larmes de joie et de soulagement, après des mois d'attente et d'angoisse… C'est bien plus dur. La honte et la joie luttent dans mon cœur. Alors je serre fort ma
5 mère, ma chère maman à laquelle j'ai pensé si souvent tout au long de ces jours où la mort a bien failli me prendre, je la serre très fort contre moi. Et maintenant, nous sommes trois à pleurer.

Jean-Marie m'aide à m'asseoir, me sert à boire. La pièce n'a pas changé. Il y a juste cette photographie de moi posée sur le
10 buffet. Et les casseroles sur le fourneau dégagent une bonne odeur de poulet et de pommes de terre sautées.

– C'est assez cuit ? s'inquiète ma mère.

Je la rassure. Je n'ai jamais mangé de plat aussi bien préparé depuis que je suis parti, même en réserve ! J'engloutis ma part
15 et me ressers une pleine assiette. Ma mère et mon frère ont l'air enchantés, quoiqu'un peu inquiets.

– C'est si mauvais que ça, ce qu'on vous donne au front ? s'étonne Jean-Marie.

– Oh ! oui, dis-je simplement.
20 Je ne veux pas qu'ils se fassent du souci.

– Et toi ? Comment ça se fait que tu es là ?

Depuis mon départ, mon frère poursuit brillamment ses études en pension dans un collège, à Lyon. Je sais que ma mère travaille encore plus dur pour lui payer les cours, même s'il a
25 obtenu une bourse de soutien. Il veut devenir maître d'école.

Jean-Marie sourit de toutes ses dents.

– J'ai téléphoné au collège depuis le restaurant de la Place. J'ai dit que tu revenais en permission pour la première fois depuis le début de la guerre. Le directeur m'a accordé une
30 journée d'absence.

Je passe l'après-midi à la maison. Ma mère et mon frère m'interdisent de bouger. Ils sont aux petits soins pour moi.

---

4 **serrer** drücken – 10 **le fourneau** Herd – 14 **engloutir** *ici :* manger avec bon appétit –
16 **enchanté** très content – 25 **une bourse** *ici :* Stipendium – 25 **un maître d'école**
un professeur à l'école primaire

Jean-Marie veut savoir comment je me suis blessé, à quelles actions héroïques j'ai pris part. Je ne sais pas trop quoi répondre.

– Tu as tué beaucoup d'Allemands ?

– Eh bien…

5 Jean-Marie attend, pendu à mes lèvres. Je revois l'explosion des grenades, les assauts au lance-flammes. Les tirs de barrage des mitrailleuses et les centaines de corps verdâtres, étendus dans la boue. Mais aussi ce visage suppliant, cette main tendue, sur la place d'un village en ruine…

10 Alors c'est tristement que je réponds :

– Je crois que oui.

Mon frère exulte. Ma mère, elle, ne dit rien. Je croise son regard, furtivement, par-dessus la table. Depuis le début, elle sait. Les mensonges des journaux, l'horreur de la guerre, de la

15 mort sans gloire… Tout cela, elle l'avait pressenti. Et moi qui ne comprenais pas ! Il est bien tard à présent pour changer d'avis. Et je ne regrette rien. Cela aussi, elle le sait. Son silence m'apaise.

– Tu as dit que tu avais une surprise pour nous ? reprend Jean-Marie.

20 – Oui, bien sûr ! Apporte-moi mon sac.

Je suis content de ne plus avoir à parler de la guerre. Je ne veux pas assombrir le bonheur de nous retrouver ensemble.

Je déballe mes affaires et j'offre un cendrier à Jean-Marie et un bougeoir à ma mère – deux objets sculptés dans des éclats

25 d'obus avec l'aide d'Émile. Ils sont émerveillés et ravis. Moi, je revois mon vieux camarade, sa barbe poivre et sel, et son éternelle pipe au coin de la bouche. Qu'est-il devenu ?

Une ombre passe dans la pièce que je chasse en allumant un grand feu dans le fourneau. Je suis bien, dans la chaise à bascule

30 de ma mère, et je m'assoupis doucement, au rythme tranquille du tictac de l'horloge.

---

7 **verdâtre** péj → vert – 12 **exulter** être fou de joie – 13 **furtivement** rapidement –
15 **pressentir** vorausahnen – 22 **assombrir** rendre sombre, triste – 23 **déballer**
sortir – 23 **un cendrier** Aschenbecher – 24 **un bougeoir** Kerzenleuchter – 25 **émerveillé**
admiratif – 25 **ravi** très content – 29 **une chaise à bascule** Schaukelstuhl –
30 **s'assoupir** s'endormir

– Debout, Ruy ! crie le sergent Lepin. Fini de roupiller : c'est l'heure de la relève.

– Tout de suite, sergent.

– Eugène… ça va ?

J'ouvre les yeux. Je suis assis dans mon lit, les couvertures rejetées. Le clair de lune frange les rideaux d'un liseré clair.

– Eugène, ça va ? répète Jean-Marie.

La flamme d'une bougie crépite. Je grimace, ébloui :

– Oui, ça va.

– Tu parlais tout seul.

Je me frotte le crâne. Mes oreilles bourdonnent de nouveau, victimes d'un invisible essaim. Je me tourne vers mon frère. Assis dans son lit, il me dévisage avec attention. Qu'ai-je bien pu dire dans mon sommeil ? J'ai une vague sensation d'écœurement, je ne suis pas à l'aise.

– C'est trop silencieux, ici. On n'entend même pas l'horloge de la cuisine.

– Mais… ç'a toujours été comme ça !

– Alors je n'ai plus l'habitude.

J'attrape la béquille posée au pied du lit.

– Qu'est-ce que tu fais ? s'inquiète Jean-Marie.

– Je descends. J'ai soif.

– Attends ! Je t'apporte un verre d'eau.

Je reste seul dans la chambre avec la bougie qui fait valser les ombres sur les murs. Elle me rappelle la cagna, le bâton de suif fiché dans la douille d'un obus et l'ombre démesurée des camarades endormis sur les parois de boue. L'horloge, en bas, sonne trois heures : mon tour de garde. Je me sens triste.

---

1 **roupiller** *fam* dormir – 6 **la lune** Mond – 6 **franger** mit Fransen versehen –
6 **un rideau** Vorhang – 6 **un liseré** Borte – 8 **crépiter** knistern – 8 **ébloui** geblendet –
11 **se frotter** sich reiben – 11 **le crâne** *ici :* la tête – 12 **un essaim** Schwarm –
15 **l'écœurement** *m* Übelkeit – 25 **le suif** Talg – 26 **une douille** Hülse – 26 **démesuré**
gigantesque – 28 **un tour de garde** *f* Wachdienst

Jean-Marie revient avec une cruche d'eau. Je bois trois verres d'affilée. Ah ! boire quand on veut, tant qu'on veut. Je pense aux camarades du front, aux gourdes presque vides. J'ai un peu honte.

5 – Dis, Jeannot… Comment va Mme Duchemin ?

Il me regarde posément. Il s'attendait à la question. Et il avait soigneusement préparé la réponse.

– Je ne sais pas. On ne la voit plus beaucoup par le village. Sa fille Lucie… Elle travaillait à Lyon, tu te rappelles ? Eh bien, elle
10 est revenue pour lui tenir compagnie.

– Ah bon.

Que dire de plus ? J'imagine trop bien leur peine. Nous étions enthousiastes tous les deux. Si je ne m'étais pas confié à mon ami, aurait-il jamais franchi le pas ? Serait-il mort dans la boue,
15 au fond d'une tranchée dévastée d'Argonne ? Comment le savoir ? La guerre était venue comme une fête, et les rêves de gloire semblaient tellement faciles à réaliser…

– Tu vas leur rendre visite ?

Je lis de l'inquiétude dans les yeux de mon frère. De quoi a-t-
20 il peur ? Depuis Noël et sa lettre, je n'ai pas cessé de souffrir.

– Écoute, Jeannot. Matthias était mon meilleur ami. On est partis ensemble.

– Je sais.

Je me recouche. Il dit qu'il sait. Mais pourrait-il seulement
25 comprendre ce que je ressens ? Je passe deux heures éveillé, à revoir le sourire de Matthias, à l'entrée de ce village d'Argonne où les camions de troupe nous avaient laissés, un matin de décembre 1914 : *on se retrouve au café du Coin ?*

Et les larmes coulent sur mes joues.

30 J'ai fini par m'endormir. À mon réveil, il est près de onze heures. Le soleil est revenu et frappe les persiennes de toutes ses forces. Le lit de Jean-Marie est vide. Ses affaires ont disparu.

---

1 **une cruche** Krug – 2 **d'affilée** à la suite – 6 **posément** calmement – 14 **franchir le pas** *fig* oser faire qc – 31 **les persiennes** *fpl* Fensterladen

Je cherche mes vêtements. Mes anciens pantalons sont devenus trop courts, mes chemises étriquées. Ma mère a déposé sur une chaise de vieux habits de mon père. J'enfile un pantalon à bretelles, une chemise et une veste et je descends.

5 Encore rouge et échevelée par son travail au lavoir, ma mère étend des draps dans la cour.

Elle sourit.

– Comment te sens-tu ? Ton frère m'a dit que tu as passé une nuit agitée…

10 – Bien, dis-je pour ne pas l'inquiéter. Pourquoi ne m'as-tu pas réveillé pour que je lui dise au revoir ?

– Tu avais besoin de te reposer.

Elle dépose un baiser sur mon front.

– Il y a de la soupe aux choux pour le déjeuner. Tu aimes 15 toujours la soupe aux choux ?

Ma mère a raison. J'avais oublié le goût d'une bonne soupe : je me régale. Après le repas, je prends ma béquille.

– Où vas-tu ? s'inquiète ma mère.

– J'ai plusieurs personnes à voir.

20 Elle n'a rien répondu, mais son visage s'est assombri. J'ai quitté la maison sans bruit.

Les rues sont désertes et silencieuses. Devant la gare, pourtant, je croise le maire. Vêtu d'une redingote noire, chargé d'une lourde sacoche, il marche lentement, la tête baissée. Il répond 25 à mon salut mais je vois à son air surpris qu'il ne m'a pas reconnu. Je ne demande pas les noms des morts. Je les saurai bien assez tôt.

---

2 **étriqué** zu eng – 4 **des bretelles** *fpl ici :* Hosenträger – 5 **échevelé** zerzaust –
6 **un drap** Bettlaken – 14 **un chou** Kohl – 17 **se régaler** apprécier ce qu'on mange –
20 **s'assombrir** *ici : fig* devenir moins joyeux – 23 **le maire** Bürgermeister –
23 **une redingote** Gehrock – 24 **une sacoche** un sac

Mes pas m'ont entraîné sur le chemin des terres. Il est bordé par les mêmes ornières, les mêmes talus herbeux que dans mon souvenir. Et la ferme Fayolle, bâtiment massif dont les murs de pisé s'écaillent, n'a pas changé.

5 Deux ouvriers débitent du bois dans la cour.

– Où est le patron ?

– Ici, répond une voix derrière moi.

Le père Fayolle est sorti de la grange. Ses cheveux sont tout à fait blancs à présent. Il pose sa fourche contre le mur et plisse 10 les yeux.

– Eugène ?

– Bonjour, patron.

Patron. J'ai parlé sans réfléchir. Le père Fayolle pourrait très bien refuser de me réengager parce que j'ai quitté mon travail 15 sans prévenir un jour de septembre 1914. Mais il n'y a aucune rancœur dans son regard. Il me serre la main, longuement, comme s'il ne voulait plus jamais la lâcher.

– Tu nous es revenu, alors ?

– Pour une semaine seulement.

20 – Mais tu es là. Tu as pu embrasser ta mère, ton frère… pas comme ces pauvres gars qui…

Il se tait. Son menton tremble. Je ne sais pas quoi dire.

– J'ai trouvé un canasson. Oh ! ce n'est pas le Grison, hein ! Tu te rappelles le Grison ?

25 Bien sûr que je me rappelle. Je me rappelle aussi les chevaux morts sur les collines d'Argonne, leur crinière étalée dans la boue. Mais je ne peux pas le lui dire.

– Et j'ai pris un gamin. Je n'en suis pas très content : il faut toujours être derrière lui. Ce n'était pas comme ça avec toi. Mais 30 bon, c'est la vie, hein ?

Je regarde le père Fayolle.

---

1 **un pas** Schritt – 2 **une ornière** Spurrille – 2 **un talus** Böschung – 4 **s'écailler** abblättern – 5 **débiter** *ici :* couper – 9 **une fourche** Gabel – 9 **plisser** *ici :* zusammenkneifen – 16 **la rancœur** le ressentiment (Groll) – 26 **une crinière** Mähne – 28 **un gamin** *fam* un enfant, *ici :* un jeune garçon

– Il fallait que j'y aille, patron. Je ne pouvais pas…

– J'ai compris, tu sais. Les pauvres gars, c'est grâce à vous qu'on…

Il englobe la ferme et les terres au-delà d'un grand geste.

5 – … qu'on a encore tout ça.

Il va pleurer. Je lui serre la main.

– Je pense souvent à vous, patron.

Il me presse encore une fois l'épaule, très fort.

– N'oublie pas que tu as toujours ta place à la ferme. Reviens-

10 nous, mon gars. J'aurai besoin de toi.

– Je reviendrai, patron.

Au fond de moi, je n'en suis pas si sûr.

La grande maison des Duchemin n'est pas loin. Un sentier à flanc de colline débouche sur le chemin bordé de châtaigniers

15 qui conduit à la bâtisse de pierre. Je me rappelle cette fois où Matthias et moi l'avions remonté en courant comme des fous, poursuivis par la bonne du curé à qui nous avions brisé une fenêtre en jouant au ballon. Arrivés dans la cour, nous avions eu du mal à reprendre notre souffle.

20 Cet après-midi-là, je ne cours pas dans le chemin. Et je suis seul à gravir la pente, à l'ombre des branches bourgeonnantes. Tout à coup, le portail est devant moi. Je le pousse, lentement, et j'entre dans la cour. Tels que dans mon souvenir, les rideaux brodés sont accrochés à la fenêtre de la cuisine. Mme Duchemin

25 est une excellente couturière.

Je soulève le heurtoir et frappe trois fois. J'ai tant réfléchi à ce que je vais dire que j'ai tout oublié. Les pensées ont fait place à un grand vide dans mon esprit.

---

4 **englober** einschließen – 13 **un sentier** un chemin – 14 **un châtaignier** Kastanien-
baum – 15 **une bâtisse** un bâtiment, une maison – 17 **une bonne** une femme qui fait
des travaux domestiques pour qn – 17 **un curé** Pfarrer – 17 **briser** casser – 21 **gravir**
monter – 21 **l'ombre** *f* Schatten – 21 **bourgeonnant** où les *bourgeons* commencent à
sortir (Knospe) – 23 **un rideau** Vorhang – 24 **brodé** bestickt – 26 **un °heurtoir** Türklopfer

Un bruit de pas. Le loquet se soulève. La porte grince.

Le visage d'une jeune fille s'encadre dans l'ouverture. Je suis tellement surpris que je ne dis rien.

– Eugène Ruy ? interroge-t-elle d'une voix douce.

5 Comment sait-elle ? La question meurt sur mes lèvres.

– Bonjour, Lucie.

La sœur de Matthias. Je l'avais oubliée.

– Est-ce que… ta mère est là ? Je viens vous présenter mes condoléances.

10 Elle me dévisage, hésitante. Son regard s'attarde sur mon bras et ma béquille, et elle s'efface lentement.

– Entre.

Je pénètre dans la salle vaguement éclairée par la lueur d'un feu. Près de l'âtre, un ouvrage gît sur une chaise, comme

15 subitement abandonné. Ma béquille heurte une pelote de laine qui roule à terre.

– Oh ! pardon…

Lucie rembobine le fil sans un mot, sans un regard pour moi. C'est une fille mince aux longs cheveux bruns. Cadette de deux

20 ans de Matthias, elle a bien grandi depuis son départ du village. Mais est-ce une raison pour me battre froid ?

Je reste appuyé sur ma béquille sans oser m'asseoir. Évitant toujours mon regard, Lucie range la pelote sur la chaise.

– Eugène… Ma mère ne veut pas te voir.

25 Je la fixe sans répondre. J'ai compris maintenant. L'ouvrage abandonné, son hésitation…

Lucie a tourné la tête. Sur la tablette, au-dessus de la cheminée, il y a une photographie. Le torse bombé dans une vareuse aux boutons luisants, Matthias m'adresse un grand sourire.

---

1 **un loquet** Riegel – 1 **grincer** quietschen – 11 **s'effacer** *ici* : bouger pour que qn d'autre puisse entrer/passer – 14 **un âtre** Feuerstelle – 14 **un ouvrage** *ici* : Strickarbeit – 14 **qc gît** etw liegt – 15 **une pelote de laine** *f* Wollknäuel – 18 **rembobiner** wieder aufwickeln – 19 **cadet** plus jeune – 21 **battre qn froid** *expr* être distant vis-à-vis de qn – 27 **une tablette** *ici :* Sims – 27 **une cheminée** Kamin – 28 **le torse bombé** die Brust herausstreckend

J'ai fermé les yeux. Au prix d'un énorme effort, je parviens à articuler :

– Elle a raison. Je voulais m'engager. J'aurais dû le faire seul. Mais tu sais, on était amis, on se disait tout.

5 Lucie ne répond pas. Je me dirige alors lentement vers la porte.

– Eugène, attends !

Je me retourne. Lucie me fixe de ses grands yeux sombres pleins de larmes.

– Il nous avait écrit une lettre d'au revoir, crie-t-elle. Mais ma
10 mère n'a jamais pu croire qu'il s'était engagé de son plein gré.

Elle pleure, le visage dans les mains. Je voudrais la serrer contre moi, la serrer très fort pour la consoler, comme j'aurais voulu consoler Matthias, ce soir de juillet 1915, mais je n'ose pas. Je dis tristement :

15 – Je te jure, Lucie, que j'aurais fait n'importe quoi pour le sauver.

– Eugène… souffle-t-elle. Comment est-il mort ?

Elle a pris un papier posé sur la tablette de la cheminée, à côté de la photographie que je n'ose plus regarder.

20 – Sur l'avis de décès, il est dit qu'il a été « tué à l'ennemi ». Est-ce que… est-ce que ça veut dire qu'il est mort en se battant ? Est-ce qu'il a souffert ?

Je revois les crêtes labourées par les obus. Le nuage éblouissant de chlore qui roulait vers nous. Puis les longues files de blessés
25 aveuglés qui se tenaient par les épaules pour avancer, les hommes au visage blafard qui tombaient sur les bas-côtés en se tenant le ventre, vomissant, gémissant, suppliant qu'on les achève.

– Tu le connaissais, dis-je. Il est mort en combattant avec
30 courage. Il est parti sans s'en apercevoir.

---

10 **de son plein gré** freiwillig – 12 **consoler qn** jdn trösten – 23 **une crête** Grat –
23 **labouré** (um)gepflügt, *ici : fig* où la terre est retournée – 25 **aveuglé** geblendet –
26 **blafard** bleich – 26 **un bas-côté** Straßenrand – 27 **vomir** sich übergeben – 27 **gémir**
stöhnen – 27 **supplier** (an)flehen – 28 **achever qn** tuer qn

Pourvu qu'elle me croie. Elle doit me croire, parce que, au fond, c'est vrai : Matthias est mort en héros. Les héros, je l'ai enfin compris, ne sont pas ceux qui tombent proprement, touchés d'une balle en plein cœur, comme je le pensais autrefois,
5 mais ceux qui affrontent la mort tous les jours et qui l'acceptent. Ce sont les seuls, les vrais héros.

Un vague sourire éclaire le visage de Lucie.

– C'est vrai ? C'est ce qui s'est passé ?

– C'est vrai, Lucie.

10 Un jour, peut-être, pourra-t-elle affronter l'entière vérité. Sur la photographie, au-dessus de la cheminée, le sourire de Matthias est plus fier que jamais. Je voudrais tant pouvoir le lui rendre. Mais je baisse les yeux et je quitte la pièce avec cette douleur au cœur qui ne faiblit pas.

15 Sur le seuil, Lucie me retient.

– Merci d'être venu, Eugène. Je suis tellement désolée pour…

– Ce n'est pas ta faute. Et Adrien ?

Le grand frère de Matthias et Lucie est au front depuis août 1914. Il me semble si loin maintenant, ce matin d'été où nous
20 l'avions accompagné en chantant à la gare…

– Il va bien, au moins ? Il a su pour Matthias ?

– Oui, on a reçu de ses nouvelles hier. Il tient bon…

Elle me regarde tristement.

– Et toi, tu ne vas pas tarder à retourner là-bas… Mais tu
25 viendras me dire au revoir, avant de partir ? Tu me parleras encore de Matthias ? Je suis si seule ici, tu sais. Ma mère ne veut rien entendre…

Revenir ? Quelqu'un m'avait parlé de la même manière par le passé. Et je revois les ruines d'un moulin éventré, à la lisière
30 d'un bois.

– Eugène ?

Les yeux de Lucie sont de nouveau brillants de larmes.

---

1 **pourvu que** + *subj* wenn … nur – 14 **faiblir** devenir moins fort

Je ne suis pas au front mais dans un village de l'arrière. Dans mon village. Et quelqu'un a besoin de moi.

Je serre ses mains toutes froides, en espérant leur rendre un peu de chaleur.

5 – Je reviendrai, Lucie. En attendant, transmets mes condoléances à ta mère, même si elle ne veut pas les entendre.

Et je suis parti.

J'erre dans Saint-Pothin jusqu'à l'heure du dîner. Je commence à en avoir assez de cette béquille et de cette écharpe qui
10 entravent mes mouvements. Comme le jour baisse, je peste en me dépêchant pour regagner au plus vite la maison.

Je voulais éviter le café du Coin. Mais, sans savoir comment, je me suis retrouvé au carrefour, à longer les fenêtres éclairées. À l'intérieur, quelqu'un rit à gorge déployée.

15 – Allez donc, Nicolas ! Leurs abris sont sûrs et confortables, tous les journaux le disent. Et puis on leur paie des spectacles et même des femmes ! La vie n'est pas si dure pour eux.

Cette voix… c'est le père Marceau ! Le cœur battant, je jette un coup d'œil par la vitre.

20 Un groupe d'hommes est assis à la grande table, devant le bar. Parmi les anciens, je reconnais M. Nicolas, notre facteur, bien vieilli sous sa casquette de toile, qui discute avec le forgeron et le type en blouse aperçu la veille. Tout à coup, je comprends. Mon sang ne fait qu'un tour : je pousse la porte du café.

25 – Bonsoir tout le monde !

Le silence s'est fait comme par magie. Seul le père Nicolas, m'ayant reconnu, se précipite.

– Eugène, mon petit gars ! Comment va cette jambe ?

– Mieux. Bien mieux, monsieur Nicolas.

30 – Ah ! tu me rassures. Toutes les fois que je porte le courrier aux familles de braves soldats comme toi, je me dis que c'est un peu de bonheur…

---

8 **errer** marcher sans but – 10 **entraver** gêner, déranger – 10 **pester** schimpfen – 13 **longer qc** marcher le long de qc – 14 **à gorge déployée** aus vollem Hals

Pauvre M. Nicolas ! Il n'était pas pour cette guerre. Se rappelle-t-il l'enveloppe marquée du sceau des Armées qu'il m'avait tendue, ce matin de septembre 1914 ? Je lui avais menti… Ce soir, il a les larmes aux yeux.

5 Mais Faustine s'enquiert d'un ton jovial :
– Je te sers quoi, mon petit soldat ?

Je regarde le père Marceau. Lui qui tenait tant à m'offrir un café, la veille, reste muet, cachant mal la gêne sur son visage rougi par l'alcool.

10 Je hausse les épaules :
– Un Pernod, madame Faustine.

Les autres se taisent toujours, mâchouillant leurs cigarettes dans un silence pesant. Assis au bout de la table, le gars en blouse évite mon regard.

15 J'avise un journal ouvert qui traîne au milieu des cendriers. *Le Miroir*, c'est ça l'objet de leur hilarité ? Je m'en saisis.
– Eh bien ? Quelles nouvelles des copains du front ?

Je parcours rapidement les gros titres. Nos armées se défendent toujours autour de Verdun. La cote 304, le Mort-
20 Homme. Mon secteur ! Je résiste à l'envie de lire l'article. Non. Je ne suis pas entré pour cela.

Tout en bas de la page, il y a un encadré : *Les joies de nos soldats*. D'après les journalistes, de nombreuses occasions de se distraire sont mises à la disposition des poilus de réserve.
25 Théâtre, spectacles légers…

Ahuri, je découvre la liste des amusements auxquels bien peu de combattants ont dû assister, une véritable propagande mensongère. Pour moi, les seules « joies » du front, en première ligne comme en réserve, se résument à une bonne nuit de
30 sommeil, un café chaud et, parfois, un verre au cabaret. Certains,

---

2 **un sceau** Siegel – 5 **s'enquérir** demander – 5 **jovial** joyeux – 8 **muet** qui ne parle pas –
12 **mâchouiller qc** auf etw herumkauen – 13 **pesant** *ici :* bedrückend – 14 **une blouse**
Arbeitskittel – 15 **un cendrier** Aschenbecher – 16 **l'hilarité** *f* la gaieté – 26 **ahuri** très
surpris

c'est vrai, voient des filles dans les cantonnements, mais c'est bien le bout du monde !

Ravalant mon dégoût, je m'exclame :

– Vous avez vu la chance qu'on a ? Je viens tout juste de l'apprendre : *des spectacles et même des femmes.*

Visiblement mal à l'aise, le père Marceau évite mon regard. C'est ça, cuve ton vin, ivrogne ! Tu pouvais gueuler, ce n'est toujours pas toi qui es parti te faire tuer.

Plein de mépris, je me tourne vers le gars en blouse.

– Ça ne te donne pas envie de t'engager ?

– J'ai été réformé, répond-il d'une voix mal assurée.

– Réformé ? Et pourquoi ça ?

– J'ai un souffle au cœur.

– Un souffle au cœur ? Mais, dis-moi, ce n'est pas toi qui as pris la place de mon copain Matthias, à la forge ?

La question reste en suspens. Le gars est devenu tout rouge. De jeunes hommes échangent des toux gênées.

Indifférent, je poursuis :

– Tu as un souffle au cœur et tu travailles à la forge ?

M. Nicolas pose la main sur mon bras.

– Laisse-le, Eugène, dit-il doucement.

– Vous avez raison, monsieur Nicolas. On ne devrait pas adresser la parole aux planqués.

Je jette le journal à travers la table et je quitte le café.

Sur le chemin de la maison, je pleure presque de rage. Matthias ! Mon pauvre Matthias ! On crève sous les obus, noyés dans la boue ou dans les vapeurs mortelles des gaz, et pendant ce temps des types se la coulent douce à l'arrière, épargnés par

3 **ravaler** *ici :* unterdrücken – 7 **cuver son vin** *fam* seinen Rausch ausschlafen – 7 **un ivrogne** Säufer – 7 **gueuler** *fam ici :* crier – 9 **le mépris** Verachten – 11 **réformer qn** *ici :* untauglich schreiben – 13 **un souffle au cœur** Herzgeräusch – 16 **en suspens** *m ici :* sans réponse – 17 **une toux** Husten – 23 **un planqué** *fam péj* qn qui trouve une (fausse) excuse pour ne pas aller faire la guerre – 26 **crever** *fam* mourir – 26 **noyé** ertrunken – 27 **les vapeurs** *fpl* Dämpfe – 28 **se la couler douce** avoir une vie tranquille – 28 **épargner** (ver)schonen

la complaisance d'un ami médecin. Mais puisqu'ils jugent la vie au front agréable, qu'attendent-ils pour partir se battre ? Les coups de pied au cul, c'est à eux qu'il faudrait les donner !

Je claque la porte de la cuisine derrière moi.

5 – Bande de cons !

Ma mère descend l'escalier en courant.

– Eugène ! Qu'est-ce qui se passe ?

– Le nouvel employé du père Marceau, tu connais ?

– Le jeune Octave ? Oui, bien sûr. Il est nouveau au village. 10 Son père travaille pour le maire.

– Ah ! voilà, tout s'explique ! Je lui aurais bien mis mon poing dans la gueule. Tu sais ce qu'il a inventé pour se faire réformer ?

– Oui, mais…

D'une main ferme, ma mère m'aide à m'asseoir, m'ôte ma 15 veste et ma béquille des mains.

– Ne te mets pas dans des états pareils, Eugène, je t'en supplie.

– Enfin, maman ! Tu ne trouves pas ça scandaleux ?

Ma mère me caresse tendrement les cheveux.

– Que veux-tu, mon pauvre garçon ? Tout le monde n'a pas 20 ton courage.

Je lui prends la main et je l'embrasse.

– Toi au moins, maman, tu peux marcher la tête haute dans la rue. Tu n'auras jamais à avoir honte de moi.

Cette nuit-là, je dors un peu mieux. Mais, dès que revient le 25 jour, le souvenir de mes camarades du Mort-Homme m'assaille. Pourtant, je renonce à sortir pour m'acheter un journal, si bourré de mensonges soit-il. Mon arrêt au café du Coin, la veille, m'a écœuré.

Je préfère rester à la maison pour aider ma mère. Comme j'ai 30 recouvré assez de forces pour abandonner ma béquille, je bricole

---

1 **la complaisance** Gefälligkeit – 11 **un poing** Faust – 14 **ferme** fort – 14 **ôter** enlever –
25 **assaillir** *ici :* bedrängen – 26 **renoncer à faire qc** décider de ne pas faire qc –
26 **bourré de** *fam* plein de – 28 **écœurer qn** *ici :* dégoûter, énerver – 30 **bricoler** basteln

dans notre petit jardin, donne à manger aux poules, fends une planche pour colmater un trou dans le mur de la cour.

Vendredi soir, je vais à la gare accueillir Jean-Marie qui rentre passer la fin de semaine avec nous. Nous faisons sauter des
5 crêpes. Puis, comme samedi le temps est toujours au beau, nous partons pour une longue promenade sur la colline.

Au retour, nous passons par le chemin des châtaigniers. La porte de la maison Duchemin est fermée, les volets clos.

– Elles sont à la foire de Saint-Symphorien, nous dit un voisin.
10 Mon mauvais pressentiment me revient à l'esprit tandis que je griffonne un mot sur une feuille du calepin que Jean-Marie emporte toujours avec lui :

Chère Lucie,

Je suis passé aujourd'hui samedi mais tu étais absente. Je voulais
15 *te faire mes adieux car je repars pour le front demain matin. Je ne t'oublie pas.*

Toute promesse de retour serait absurde. Je glisse le feuillet sous la porte en priant pour que Mme Duchemin ne le déchire pas en mille morceaux.
20 – Ça s'est mal passé, alors ? a soupiré Jean-Marie.

– Parce qu'il y avait une chance pour que ça se passe bien ? Il n'a rien répondu.

J'ai profité de ma dernière grande nuit de sommeil, et, le matin venu, c'est presque avec joie que j'endosse mon uniforme, fixe
25 mes bandes molletières sur mes brodequins astiqués et boucle ma musette. J'essaie de rassurer Jean-Marie et surtout ma mère qui suit mes préparatifs d'un air grave.

– Écrivez-moi. Surtout, n'arrêtez pas de m'écrire.

---

1 **une poule** Henne – 1 **fendre** couper en deux – 2 **une planche** Brett – 2 **colmater** *ici :* schließen – 8 **clos** fermé – 10 **un pressentiment** Vorahnung – 11 **griffonner** écrire vite – 11 **un calepin** Notizbuch – 24 **endosser** mettre – 25 **astiqué** geputzt – 25 **boucler** fermer – 26 **une musette** Brotbeutel – 27 **grave** très sérieux

Il fait encore nuit quand le tacot entre en gare. Les joues de ma mère brillent. Elle pleure.

– Ne pense pas trop, maman : ça ne sert à rien. Travaille bien au collège, dis-je à mon frère. Je vous envoie une carte dès que
5   j'arrive !

Le front appuyé contre la vitre, je regarde s'éloigner les maisons de Saint-Pothin sans les voir. Le soleil se lève, inondant les prés d'une douce lumière, mais je suis déjà loin : là où les obus labourent les champs, là où la fumée des tirs cache les
10   soleils levants ; auprès de mes camarades délaissés au combat, les soldats du 419e régiment d'infanterie qui se battent et meurent quelque part dans la boue de Verdun.

---

7 **inonder** *ici :* durchfluten – 8 **un pré** Wiese – 12 **la boue** Schlamm

Chapitre 9

Retour au Mort-Homme

Quand je descends du train, ce lundi 20 mars 1916, il est aux environs de midi. Dans le jour gris, la gare a des allures de désespoir. Les hommes vont et viennent, la démarche lourde,
5 le visage sombre. L'écho assourdi des pilonnages ne laisse aucun doute : je suis bien de retour au front.

Je me rends à l'état-major du régiment pour me présenter et récupérer mon équipement. Là, on m'informe que mon bataillon est retourné en ligne sur les pentes du Mort-Homme après une
10 semaine de cantonnement. Qu'en est-il de la 3e compagnie ? L'officier hausse les épaules. Il ne sait rien de plus.

Je quitte l'état-major inquiet et mécontent. En passant près des cuisines roulantes, je retrouve le sourire. Joseph et Fernand, deux hommes de ma section, s'acquittent de la corvée de
15 ravitaillement.

– Salut, les gars !

– Tiens ! regarde qui voilà, lâche Joseph d'une voix morne. Tu t'en es tiré, on dirait ?

Fernand me serre la main sans un mot. Il est occupé à
20 embrocher des pains sur une pique et cette besogne a l'air de le démoraliser.

– Ça peut aller, dis-je très vite. Et le reste de la compagnie ?

Fernand ne bronche pas. Joseph prend le temps de fixer deux longs bidons autour de sa taille avant de répondre :
25 – À part toi, nous deux et quelques autres, il n'y a plus d'anciens à la 3e.

---

4 **une démarche** Gang – 5 **assourdi** gedämpft – 5 **un pilonnage** *ici :* Trommelfeuer –
14 **s'acquitter** *ici :* faire – 15 **un ravitaillement** Versorgung – 18 **s'en tirer** *fam* aller
mieux – 20 **embrocher qc sur une pique** etw auf den Spieß stecken – 23 **ne pas
broncher** ne pas réagir – 24 **un bidon** Kanister

Un frisson d'angoisse me parcourt l'échine.

– Comment ça ? Que… qu'est-ce qui s'est passé ? Qui est resté ?

– Tu nous aides ? dit Joseph en me tendant une longue gamelle qui dégage une bonne odeur de pommes de terre chaudes.

5 Je mets mon fusil en bandoulière et nous quittons la gare par le chemin que nous avons emprunté deux semaines plus tôt.

À la lumière du jour, le paysage est encore plus sinistre. Une sorte d'immense marécage, d'où émerge parfois un tronc d'arbre déchiqueté, se perd dans les brumes à l'horizon. Le chemin n'est

10 plus qu'un ruban de boue modelé par les milliers de pieds qui y ont marché à la rencontre de la mort. Des croix de bois brut jalonnent notre route, des monticules indiquent l'emplacement des tombes récentes.

– On s'est battu toute la journée pour ce foutu village de

15 Cumières, raconte Joseph. Ah ! oui, on a réussi à le garder. Mais j'aimerais bien savoir à quoi ça nous a avancés. La guerre n'est pas finie pour autant ! Et les Boches continuent de nous grignoter le terrain pied à pied.

Le vieil Émile avait été laissé pour mort lors de la retraite. Le

20 caporal Michelot, englouti dans un abri. Le sergent Lepin, amputé des deux jambes. Et Jules Riquioux avait disparu dans la terrible explosion à laquelle j'ai miraculeusement survécu.

Joseph énumère les morts, les mutilés et les disparus d'une voix lasse. Je ne peux pas croire que ces compagnons ne sont

25 plus, qu'ils ne m'accueilleront pas dans notre tranchée. Émile, notre pépère aux doigts si habiles, agonisant dans les ruines, seul et sans espoir…

---

1 **un frisson** Zittern – 1 **l'angoisse** f la peur – 1 **l'échine** f *ici :* le dos – 5 **en bandoulière** umgehängt – 7 **sinistre** triste, terrifiant – 8 **un marécage** Sumpf – 8 **émerger** sortir – 9 **la brume** Nebel – 10 **un ruban** Band – 10 **modelé** geformt – 12 **jalonner** säumen – 12 **un monticule** Anhöhe – 17 **grignoter** *ici :* prendre – 19 **la retraite** *ici :* Rückzug – 20 **englouti** *ici :* versunken – 23 **énumérer** aufzählen – 23 **un mutilé** (Kriegs) Versehrter – 24 **las, lasse** [lɑ, lɑs] fatigué, e – 26 **habile** geschickt – 26 **agoniser** mourir

Jules Riquioux. Je revois encore son quart cabossé ballotter devant moi. Et puis l'explosion…

Au fond du cratère, il n'y avait que de la boue.

Un peu plus loin sur la route, les filaments blancs d'un
5 shrapnell se dispersent au vent.

– On se planque ! hurle Joseph.

Vite, nous nous dépêchons de descendre dans un boyau qui s'ouvre sur le fossé, au bord du chemin. Et de glisser, déraper dans la boue. Trois pains vont engraisser la fange, la moitié de
10 la soupe est par terre. Brusquement tiré de son mutisme, Fernand jure :

– Fais gaffe, nom de Dieu !

Dans un effort désespéré pour sauver mon plat de purée, je lui marche sur les pieds. Les balles fusent au-dessus de nos têtes.
15 Nous nous enfonçons en courant dans le couloir de terre.

– Ces connards ont un poste d'approche sur la route. Quand on sort, attention aux mitrailleuses !

Nous courons longtemps dans des boyaux sinueux creusés à flanc de colline. Enfin, nous tournons dans un couloir plus large.
20 – À la soupe, les gars ! crie Joseph.

Nous sommes arrivés sains et saufs dans la tranchée. Je pose mon plat intact avec un soupir de soulagement et me tourne vers le capitaine qui sort de sa cagna.

– Première classe Ruy Eugène, capitaine. Au rapport.
25 – Ruy ! s'exclame mon capitaine. Vous ne nous avez donc pas abandonnés ? Eh bien ! vos blessures ?

Je vois à son air jovial que mon retour lui fait plaisir. Moi-même je suis heureux de revoir un visage familier.

---

1 **cabossé** déformé – 1 **ballotter** bouger de ci de là – 5 **se disperser** sich zerstreuen – 6 **se planquer** *fam* se cacher – 8 **déraper** ausrutschen – 9 **engraisser** mästen, düngen – 9 **la fange** Schlamm – 10 **le mutisme** le fait de ne pas parler – 12 **faire gaffe** *fam* faire attention – 18 **sinueux** kurvig – 21 **sain et sauf** gesund und wohlbehalten – 24 **au rapport** zur Meldung

– Complètement guéries, mon capitaine.

– Tant mieux, tant mieux.

Comme je me retourne pour prendre ma gamelle, je croise une rangée de regards curieux. De part et d'autre de la tranchée, des soldats replongent le nez dans leur écuelle fumante. Tous ont des visages nets, rasés de frais, et des uniformes encore propres.

Des bleus.

Je pense aux moqueries de Riquioux à mon arrivée dans la forêt d'Argonne, un an et demi plus tôt. Moi, je n'ai pas envie de rire.

Je m'assois sur une caisse à munitions vide et je commence à manger. De temps en temps retentit une explosion ou la pétarade rageuse d'une mitrailleuse. Mes nouveaux camarades s'interrompent, lèvent le nez, reprennent leur gamelle d'un geste nerveux.

Le première classe assis à ma droite, un blondinet tout mince aux grands yeux noisette, se penche vers moi.

– Il paraît que tu étais à Cumières ? demande-t-il anxieusement.

– Y être, c'est un grand mot, je réplique d'un ton amer. J'ai été blessé dans la première heure de l'attaque.

– Comment ça ?

– J'ai reçu un éclat de grenade dans le genou et un autre dans le bras.

Je relève ma manche. La cicatrice dessine une boursouflure rose, peu engageante, le long de l'avant-bras. Mes camarades la considèrent sans rien dire.

– Un coup de chance. Ç'aurait pu être bien pire.

Hésitant, mon voisin souffle :

– Ils sont à moins de vingt mètres.

– Quoi ?

---

5 **une écuelle** Napf – 6 **net** [nɛt] *ici :* propre – 8 **un bleu** un nouveau (voir p. 45) – 14 **une pétarade** Geknalle – 17 **un première classe** un soldat qui a eu une *distinction* (Auszeichnung) – 20 **amer** bitter – 25 **une boursouflure** Schwellung – 26 **peu engageant** *ici :* pas beau à voir

– Hier, on entendait des bruits bizarres dans les abris, renchérit un autre. Des types du génie sont venus voir s'ils creusaient une sape…

– Chut ! Écoutez…

5 Nous nous taisons. Quelque part, des rires, suivis d'un claquement sec. Je crie :

– Planquez-vous !

Nous avons juste le temps de gagner l'entrée des abris. Une grenade à manche frappe de plein fouet le bord du remblai, 10 soulevant un tourbillon de terre et de sable. Nos mortiers, cachés un peu plus loin, répliquent aussitôt.

Les camarades respirent de nouveau, mais, dans les gamelles abandonnées, la purée mêlée à la terre est immangeable.

– Bande de salauds ! beugle Joseph en jetant son repas gâché 15 par-dessus le remblai.

Une salve de mitrailleuse lui répond.

– Il fait souvent ça ? me souffle le blondinet d'un air mi-amusé, mi-inquiet.

– Oh ! oui, souvent.

20 Pour la première fois depuis mon retour, j'ai envie de rire.

– Comment tu t'appelles ? je demande au bleu.

– Rémi Châtanay.

– Moi, c'est Eugène Ruy. Tu es de la classe 16 ?

– Non, je suis engagé volontaire. J'ai dix-huit ans.

25 – Ça alors ! moi aussi. Et j'ai presque ton âge.

Est-ce l'aveu de Rémi, son sourire ou le sentiment de solitude qui m'accable ? C'est la première fois que je raconte mon histoire, de bout en bout, sans fard ni mensonges.

---

1 **renchérir** ajouter – 2 **le génie** *ici : mil* Pioniertruppe – 3 **une sape** Unterhöhlung – 6 **un claquement** *ici :* Knallen – 9 **une grenade à manche** Stielhandgranate – 9 **un remblai** Erdwall – 10 **un tourbillon** *ici :* Sturm – 10 **un mortier** Granatwerfer, Mörser – 14 **beugler** crier – 14 **gâché** verschwendet – 23 **la classe 16** les soldats *incorporés* en avril 1915 (einberufen) – 26 **un aveu** Geständnis – 26 **la solitude** le fait de se sentir seul – 27 **accabler** *ici :* bedrücken – 28 **sans fard** *m* unverblümt

Mon camarade m'écoute, bouche bée.

– Mais c'est formidable ! Moi, je n'ai pas connu une telle aventure. Mes parents étaient d'accord…

Lui aussi s'était engagé pour défendre son pays et contribuer à la victoire. Dans son usine de Vienne, tous les jeunes gens s'étaient déjà portés volontaires. Il n'aurait pas supporté de rester à la traîne.

Nous parlons longtemps. Je suis content d'avoir trouvé un camarade de mon âge dans cette nouvelle compagnie. Rémi est gentil, il me redonne un peu de mon enthousiasme passé. C'est tellement bon de sentir une présence amicale au fond de ces tranchées boueuses, alors que les anciens compagnons ne sont plus.

Ma vie de taupe a repris. Quand les tirs ne nous confinent pas dans nos abris, mes camarades et moi procédons à un épouillage en règle, car les poux, après les rats, nous ont envahis.

Le pire est de sentir nuit et jour la présence toute proche de l'ennemi : les odeurs de nourriture qui donnent faim ; l'écho des conversations qui fait dresser l'oreille. Il suffit de jeter un coup d'œil entre les planches blindées des postes de guetteur pour apercevoir, à quelques dizaines de pas, les monticules de terre qui couvrent les positions allemandes.

Un soir d'avril, un cri horrible et trois coups de feu me font bondir sur mes pieds. Comme je sors précipitamment de mon abri, je découvre deux Allemands morts, l'un accroché aux barbelés, au bord de la tranchée, l'autre tombé à la renverse dans le boyau. Allongé sur la banquette de tir, un camarade gît, assommé.

---

1 **bouché bée** la bouche ouverte de surprise – 7 **rester à la traîne** rester derrière – 14 **une taupe** Maulwurf – 14 **confiner** einsperren – 15 **un épouillage** le fait d'enlever les *poux m* (Laus) – 20 **une planche** Brett – 20 **blindé** gepanzert – 20 **un guetteur** Wachposten – 24 **bondir** sauter – 24 **précipitamment** vite – 26 **tombé à la renverse** hintenüber gefallen – 27 **qn gît** jd liegt – 28 **assommé** bewusstlos geschlagen

– À vos postes ! hurle le capitaine.

Tout à coup, le no man's land s'est éveillé. Deux ombres fugitives apparaissent dans la lumière rouge des fusées, courant désespérément vers les monticules de terre. Les mitrailleuses
5 les fauchent l'une après l'autre.

Dans un silence tendu, le camarade blessé est chargé sur une civière et emmené au poste de secours. Que s'est-il passé ?

Bien plus tard, j'apprends qu'une patrouille allemande a tenté de s'introduire dans notre tranchée pour faire des prisonniers.

10 Après cet incident, la nuit nous offre un court répit. À l'aube, le feu se déchaîne sur nos positions. En quelques heures, les obus écrasent la tranchée. D'un abri à l'autre, les boyaux de communication éventrés nous protègent à peine jusqu'à la taille. Cela ne nous empêche pas d'accueillir la première vague d'assaut
15 par un tir nourri.

À la nuit tombée, nous avons repoussé les assaillants. Partout ailleurs sur le Mort-Homme, nos premières lignes ont été enfoncées, nos camarades tués ou faits prisonniers. À la 3ᵉ compagnie, nous avons quelques abris pulvérisés et beaucoup
20 de blessés.

Vers minuit, nous sommes relevés par un bataillon du génie qui doit remettre la tranchée en état. Notre secteur est devenu une tête de pont, une presqu'île au milieu de ces marais boueux et puants tombés aux mains des Allemands.

25 Revenus dans les positions arrière, nous recevons notre part de dîner refroidi. Heureusement, le vaguemestre apporte le courrier. Je reçois un colis et une lettre. Ma mère et mon frère ont pensé à mon anniversaire ! J'entortille la belle écharpe autour de mon cou et je partage le saucisson avec Rémi.

---

3 **fugitif** qui fuit (flüchten) – 10 **un répit** une pause – 11 **se déchaîner** *ici* : wüten –
13 **éventré** *ici* : détruit – 13 **à peine** kaum – 15 **nourri** *ici* : reichlich – 19 **pulvérisé**
complètement détruit – 23 **une tête de pont** *mil ici* : une zone française en territoire
allemand – 23 **une presqu'île** Halbinsel – 23 **un marais** Sumpf

La lettre, par contre, m'intrigue. Je ne reconnais pas l'écriture sur l'enveloppe. Je déplie vivement la feuille quadrillée.

Cher Eugène…

Lucie !

5   D'une traite, je lis. Elle a trouvé mon mot sur le seuil, elle est désolée de n'avoir pu me dire au revoir.

Je continuerai à t'écrire. Je me moque de ce que pense ma mère, je ne peux pas te tourner le dos. Tu étais le meilleur ami de mon frère, le seul lien qui me rattache à ses derniers instants. Et quand
10 *je pense que tu es retourné sur ce front où il est tombé, j'ai peur.*

– Quelle chance que ta copine t'écrive ! me lance Rémi. La mienne m'a lâché dès qu'elle a su que je voulais m'engager. Ça fait l'affaire de ces trous du cul de planqués !

– Ce n'est pas ma copine. C'est la sœur de mon ami Matthias
15 qui a été tué l'an dernier, en Argonne.

– Oh !

Rémi se tait.

Moi, je range pensivement la lettre dans son enveloppe. Savoir que Lucie a trouvé mon mot est un réel soulagement. Mais
20 comment lui répondre sans l'effrayer ni lui créer d'ennuis ? Tant pis, je prends le risque. Je griffonne une carte que je remets au vaguemestre en croisant les doigts pour que Lucie pense à guetter le père Nicolas durant la semaine.

Au fond, je suis très touché qu'elle ait décidé de m'écrire.
25 Matthias en serait certainement content. Mais peut-être le sait-il, après tout ? Je regarde le ciel où les nuages de l'aube s'effilochent, laissant percer un rayon de soleil qui balaie la terre

---

1 **intriguer qn** éveiller la curiosité de qn – 5 **d'une traite** sans pause – 7 **qn se moque de qc** *ici :* qc lui est égal – 9 **un lien** (Ver)Bindung – 20 **effrayer qn** faire peur à qn – 20 **créer des ennuis** *mpl* **à qn** créer des problèmes à qn – 22 **croiser les doigts** *mpl* die Daumen drücken – 27 **s'effilocher** ausfransen

dévastée. Oui, Matthias le sait. Et il me sourit, quelque part dans les nuées. Alors je ne peux m'empêcher de sourire, moi aussi.

Au cours des mois suivants, tandis que la pression ennemie s'accentue sur le Mort-Homme, ce sont les nouvelles de Lucie,
5 plus encore que celles de ma mère et de mon frère, qui m'apportent la gaieté et la chaleur du soleil auxquelles je goûte si rarement dans les tranchées. Je lui écris de longues lettres où je ne dis rien de la vermine ni des tirs incessants, mais où je répète seulement combien ma vie au front est dure, et combien
10 le fait de penser à elle et à tous ceux que j'aime m'aide à tenir. Parfois, elle joint à son courrier une fleur cueillie sur un chemin de Saint-Pothin : c'est la note de couleur qui illumine ma journée. Il ne m'en faut pas plus pour me sentir heureux. J'attends ses lettres avec une impatience croissante, et Rémi sourit en me
15 regardant déchirer les enveloppes. Je sais ce qu'il pense. Mais je n'ose rien espérer : qui parle de projets d'avenir au fond des tranchées ?

En octobre, une contre-offensive est lancée sur Verdun. Deux mois plus tard, nous avons repris aux Allemands la totalité du
20 terrain perdu depuis février. Certes, la plus longue bataille qu'il nous ait été donné de vivre est finie, et nous l'avons gagnée, mais nous restons dans nos trous à guetter le no man's land, sans repos, sans joie.

Un jour, notre vaguemestre est retrouvé mort sur la route, ses
25 sacs de courrier éparpillés dans la boue.

Au Mort-Homme comme ailleurs, les canons tonnent toujours.

---

2 **les nuées** *fpl litt* les nuages – 3 **la pression** Druck – 4 **s'accentuer** devenir plus fort – 8 **la vermine** les insectes parasites comme les poux – 8 **incessant** qui n'en finit pas – 15 **déchirer** zerreißen – 20 **certes** zwar – 25 **éparpillé** verstreut

Chapitre 10

Ras-le-bol

Ce matin de mai 1917, nous sommes assis, Joseph, Fernand, Rémi et moi, autour d'un petit brasero qui nous chauffe tout juste les pieds. Le vent du nord s'insinue dans la tranchée et
5 nous projette des cendres au visage.

Il fait beau pourtant. Un grand soleil brille sur le Mort-Homme. Les mottes de terre sont couvertes d'herbes folles, de pâquerettes et de gueules-de-loup aux pétales dorés. Plus haut sur les pentes, les feuillages des rares arbres survivants s'agitent, et le chant
10 d'un merle répond aux crépitements d'une mitrailleuse.

– Il y a encore des oiseaux par ici ? s'émerveille Rémi.

– Faut dire qu'ils ont à bouffer, grogne Fernand.

– Ce qui me préoccupe, moi, coupe Joseph, c'est la relève et rien d'autre. Mais qu'est-ce qu'ils foutent, nom de Dieu ? Ils sont
15 en retard !

Fernand hausse les épaules, une ombre de sourire sous sa moustache.

– Peut-être que les copains ont relevé l'ami d'en face ?

– Vraiment très drôle.

20 Joseph tourne le dos en bougonnant et j'en profite pour me rapprocher du feu. Pour une fois, je ne suis pas pressé de partir en réserve. Après des mois de lutte acharnée, le Mort-Homme est redevenu un secteur calme. Je n'ai pas la moindre envie de

---

1 **le ras-le-bol** Überdruss, **en avoir ras le bol** die Nase voll haben – 3 **un brasero** Kohlenbecken – 5 **la cendre** Asche – 7 **une motte de terre** Erdscholle – 7 **des herbes folles** des herbes qui poussent naturellement, toutes seules – 7 **une pâquerette** Gänseblümchen – 8 **une gueule-de-loup** Löwenmäulchen – 8 **un pétale** Blüttenblatt – 10 **un merle** Amsel – 11 **s'émerveiller** s'enthousiasmer – 12 **bouffer** *fam* manger – 20 **bougonner** parler de manière peu claire – 22 **acharné** unermüdlich

remonter en ligne au Chemin des Dames, où les combats font rage depuis quelques semaines. Non, pas la moindre.

Je suis las. Las de cette odeur de pourriture et de saleté que la fumée du brasero ne parvient pas à chasser. Si las de cette
5 attente, de cet ennui morbide, des assauts meurtriers, de toutes ces horreurs. Et quand je regarde autour de moi et que je vois les mains sales de Rémi tendues vers le feu ou Fernand qui hoche la tête dans le vide, j'ai envie de vomir.

En quittant précipitamment la cagna, je manque renverser
10 un ravitailleur porteur de grands seaux en fer.

Joseph sort en braillant :

– Bastien ! Et la relève ?

– M'est avis qu'elle ne viendra pas de sitôt, répond le camarade.

– Qu'est-ce que tu racontes ?
15 Bastien veut me servir mais je secoue la tête. La seule vue de la soupe de pois, noire et épaisse comme de la mélasse, me donne la nausée.

Tranquillement, il s'explique :

– Les gars ont posé les sacs à la gare. Tout aurait commencé
20 après l'échec de l'offensive sur le Chemin des Dames, il y a une semaine… Les camarades ne veulent plus se battre. Ils ne monteront en ligne que si le haut commandement arrête ces assauts inutiles et change nos conditions de vie.

– Tu veux dire nos conditions de mort ! ricane Joseph. Cet
25 assaut sur le Chemin des Dames, quel gâchis !

– Mon frère est mort là-bas.

Le silence se fait. Le camarade qui a parlé est un tout jeune bleu, une recrue de l'année 1917. Il nous regarde tour à tour puis replonge le nez dans sa gamelle pour cacher ses larmes. Il
30 me semble voir Matthias, sa mort anonyme dans la boue d'Argonne, un corps parmi tant d'autres…

---

1 **faire rage** wüten – 3 **las, lasse** [lɑ, lɑs] fatigué, e – 3 **la pourriture** Verwesung, Fäulnis – 5 **l'ennui** *m ici :* Langeweile – 8 **vomir** sich übergeben – 10 **un seau** Eimer – 10 **le fer** Eisen – 11 **brailler** crier – 16 **un pois** Erbse – 17 **qc donne la nausée à qn** von etw wird jdm schlecht – 20 **l'échec** *m* ≠ le succès – 24 **ricaner** *ici :* dire avec ironie – 25 **le gâchis** Verschwendung

Je me redresse.

– Après tout, c'est vrai qu'on ne devrait pas être traité comme ça. On est envoyé à l'assaut comme à l'abattoir !

– Ouais ! renchérit Joseph. Et puis la bouffe est dégueulasse.
5   C'est de la pâtée à bestiaux.

– Et moi alors, qu'est-ce que je devrais dire ? s'écrie Bastien en agitant sa louche. Ça fait trois fois qu'on me refuse une permission. Je n'ai pas vu ma femme et mes gosses depuis presque deux ans !

10   La conversation s'échauffe. D'autres camarades se joignent à nous. Tout le monde a son mot à dire. Finalement, le brouhaha est tel que le capitaine et le lieutenant sortent de leur cagna.

– Qu'est-ce qui se passe ici ?

– Il se passe, mon capitaine, répond Joseph, il se passe qu'on
15   ne montera pas à l'assaut si on en reçoit l'ordre. On en a ras-le-bol de la façon de conduire cette guerre.

Tout le monde approuve. Le capitaine et le lieutenant se regardent, scandalisés :

– Mais… mais… bafouille le capitaine. C'est du refus
20   d'obéissance ! Qui plus est, face à l'ennemi. Vous serez traduits en conseil de guerre !

Joseph hausse les épaules.

– Quitte à mourir… On y passera tous, alors ! On ne bougera pas, pas vrai, vous autres ?

25   – Ouais !

Le capitaine et le lieutenant se retirent en nous promettant une sanction exemplaire si nous appliquons nos menaces.

Toute la journée, une ambiance inhabituelle règne dans la tranchée. Chacun vaque à ses occupations, un air résolu sur le
30   visage : Joseph se promène en sifflotant dans les boyaux, sa

---

3 **un abattoir** Schlachthof – 4 **dégueulasse** *fam* horrible – 5 **de la pâtée à bestiaux** de la nourriture pour animaux – 7 **une louche** Schöpflöffel – 10 **s'échauffer** s'exciter – 11 **un brouhaha** un grand bruit – 19 **bafouiller** parler de façon peu claire – 29 **vaquer à ses occupations** *fpl* seiner Beschäftigung nachgehen – 29 **résolu** décidé

pioche à l'épaule, comme dans son jardin ; je rédige avec Rémi un message de soutien aux soldats cantonnés à la gare. Nous promettons de ne pas nous battre tant que leurs revendications ne seront pas écoutées. Puis nous faisons le tour de la tranchée pour le lire aux camarades enthousiastes. Finalement, nous signons : *les soldats de la 3ᵉ compagnie, 1ᵉʳ bataillon du 419ᵉ R.I.* Nous attendons avec impatience la venue du vaguemestre.

La lettre posée sur le tonneau renversé qui nous sert de table, à côté de la lampe-tempête, dans notre gourbi, est au centre des discussions une bonne partie de la soirée.

– C'est vrai, ça, approuve posément Fernand qui m'a rejoint pour le guet au poste de mitrailleuse. Ils doivent nous écouter. On est des hommes, quand même. C'est nous qui la faisons, cette guerre.

Moi, je garde l'œil à la lunette, mais mon esprit est encore tout à l'animation de cette journée. Quand j'entends le sifflement de l'obus, il est trop tard.

Je suis projeté au sol avec une violence inouïe. Je reprends mes esprits étendu sur le dos, les bras et les jambes en croix. J'ai perdu mon casque. Un éclat m'a entaillé le front, mais je n'y prête pas garde : Fernand est resté debout, accoté au remblai. Un long filet de sang s'écoule de son oreille droite.

Je hurle :
– Brancardiers !

Un à un, parfois tous en même temps, les obus s'écrasent sur la tranchée dans un fracas épouvantable. Les cris, les appels au secours emplissent l'espace. Je rampe pour me mettre à l'abri. Recroquevillé au sol, je me tiens la tête à deux mains.

---

1 **une pioche** Hacke – 2 **le soutien** Unterstützung – 3 **une revendication** Forderung –
8 **un tonneau** Fass – 9 **un gourbi** *fam* elende Hütte – 11 **posément** calmement –
15 **une lunette** *ici* : Zielfernrohr – 16 **l'animation** *f ici :* l'activité, l'excitation – 18 **inouï**
incroyable – 21 **prêter garde à qc** faire attention à qc – 21 **accoté à qc** contre qc –
22 **un filet de sang** *m* dünner Blutfaden – 26 **un fracas** un grand bruit –
26 **épouvantable** horrible – 27 **ramper** kriechen – 28 **recroquevillé** zusamengekauert

– À l'aide !

Tout près de moi, un camarade se tortille pour se relever, sans se rendre compte qu'il a perdu un bras. La tête me tourne et je retombe étourdi, renonçant à appeler.

5   Le tir cesse aussi brusquement qu'il a commencé.

Les infirmiers me relèvent et me pansent sommairement la tête. Allongé dans un coin, je regarde défiler les civières. Joseph pleure sur Fernand et hurle :

– Bande de salauds ! Attendez un peu…

10   Moi je ne dis rien. Rémi m'apporte à boire et nous restons à fumer, côte à côte, en attendant le retour des infirmiers qui doivent me conduire au poste de secours.

Un silence amer pèse sur la position. Plus personne ne reparle de refuser les assauts. Notre lettre, de toute façon, a disparu 15 dans les explosions.

Au poste de secours, j'écris une lettre à Lucie. Je crois bien qu'elle ne lui est jamais parvenue, du moins pas dans son intégralité. L'arrière, bien entendu, ne doit pas apprendre, que nous, pauvres poilus, réclamons un peu d'humanité au fond de 20 nos tranchées.

Les mutins de l'arrière ont payé cher d'avoir fait valoir nos droits. Nombre de nos camarades ont été exécutés ou emprisonnés. On nous a pourtant promis une meilleure nourriture et une permission de dix jours au moins tous les six 25 mois.

C'est ainsi que, le 12 septembre 1917, j'ai pu reprendre le chemin de Saint-Pothin.

---

2 **se tortiller** sich winden – 4 **étourdi** *ici :* betäubt – 5 **cesser** s'arrêter – 6 **panser** verbinden – 6 **sommairement** de façon rudimentaire – 13 **peser** *ici :* herrschen – 17 **dans son intégralité** *f* toute entière – 18 **bien entendu** natürlich – 19 **réclamer** fordern – 21 **un mutin** Meuterer – 21 **faire valoir ses droits** *mpl* seine Rechte geltend machen – 22 **exécuter qn** jdn hinrichten

Chapitre 11

Le chemin de l'espoir

Ce matin-là, je descends à la gare, tout près de la maison.

Ma mère est sortie à ma rencontre. Je la trouve vieillie. La ride soucieuse d'autrefois lui barre maintenant constamment
5 le front. Après le déjeuner, je m'étends pour une petite sieste.

Quand je m'éveille, il est presque dix-huit heures. Bien trop tard pour rendre visite à Lucie.

Tôt le lendemain matin, je prends la route de la grande maison sur la colline. Alignées sur les pentes, les vignes exposent au
10 soleil leurs lourdes grappes d'un rouge violacé. Je songe aux vendanges de 1914 que j'aurais tant aimé faire. Trois ans déjà. Combien d'hommes ne vendangeront plus jamais ?

Le vent souffle des ombres sur le chemin, et j'entre sous le couvert des arbres avec un certain soulagement. Des bogues
15 roulent dans les ornières, au pied des troncs. J'en ramasse quelques-unes et les fourre dans mes poches. Je veux tromper la peur que je sens monter en moi, sans y parvenir.

Je vais revoir Lucie. Après des mois de correspondance, le lien tissé entre nous au fil des lettres va se rattacher à la réalité. J'avais
20 espéré bien plus que je ne voulais me l'avouer, tout au long de ces semaines d'ennui et de mort. Lorsque j'aperçois le portail fermé, je sens mon cœur chavirer et j'ai tout à coup envie de m'en retourner en courant.

---

4 **une ride** Falte – 5 **une sieste** une pause l'après-midi pour dormir un peu –
9 **une vigne** Weinberg – 10 **une grappe** Traube – 11 **les vendanges** *fpl* Weinlese –
14 **une bogue** *ici :* Kastanienschalle – 15 **une ornière** Spurrille – 16 **tromper la peur** faire
qc contre la peur – 17 **parvenir à faire qc** réussir à faire qc – 22 **chavirer** ins Wanken
geraten *(ici : fig)*

Je m'avance pourtant. La grille n'offre aucune résistance. Je prends le temps de la refermer. Pas un mouvement derrière les fenêtres. Comme je m'approche du perron, un grincement m'arrête.

5   La porte s'ouvre sur une femme vêtue de noir, les cheveux couverts d'un fichu sombre.

Mme Duchemin.

Je me suis figé. En un instant, tout m'est revenu : la grande salle vide, l'ouvrage abandonné sur une chaise et les pleurs de
10 Lucie. *Ma mère n'a jamais pu croire… ma mère ne veut pas te voir.*

Elle m'a vu arriver. Pourquoi est-elle sortie ?

Lucie. Elle va m'interdire de voir sa fille, me renvoyer. Et je reste debout au milieu de la cour à attendre la sentence pendant
15 que Mme Duchemin me dévisage, les yeux brillants de larmes, en tordant un mouchoir dans ses mains.

– Bonjour Eugène, dit-elle d'une voix tremblante.

Je m'approche, le cœur battant. Elle ne me renvoie pas ? Alors… Les pensées tournent à toute vitesse dans ma tête. Sa robe noire :
20 le deuil. Adrien. Lucie. Un malheur est arrivé. Un de plus.

– Madame Duchemin…

Elle me prend dans ses bras et se met à pleurer. Comme ma mère, ses traits se sont fanés dans la peine et l'angoisse. Elle n'a plus cet air sévère qui m'inspirait tant de crainte jadis.

25 – Pardonne-moi, souffle-t-elle. Pardonne-moi, mon petit Eugène.

Je demeure muet, cherchant à réaliser. C'est donc cela. Elle ne m'en veut plus. Elle a compris. J'ai l'impression qu'on m'enlève un grand poids. Et je m'entends répondre, la gorge
30 nouée :

– Ne pleurez plus, madame Duchemin. C'est tout pardonné.

---

1 **n'offrir aucune résistance** *ici :* s'ouvrir facilement – 6 **un fichu** Schal – 8 **se figer** ne plus bouger – 14 **une sentence** Urteil – 16 **tordre** *ici :* wringen – 16 **un mouchoir** Taschentuch – 20 **le deuil** Trauer – 23 **se faner** verblühen – 28 **en vouloir à qn** être fâché contre qn – 29 **un poids** *ici :* Last – 29 **qn a la gorge nouée** jdm ist die Kehle wie zugeschnürt

Je l'ai suivie dans la maison. Un long drap de coton à moitié brodé est étalé sur la table de la grande salle. Elle le replie soigneusement.

– Prends une chaise, me dit-elle. Lucie est au marché, elle ne
5   tardera pas à revenir.

Je m'assois en silence. Je ne sais pas quoi dire. Tout est allé si vite. Mais Mme Duchemin a essuyé ses larmes et c'est elle qui commence à parler, de la guerre, de ma vie au front et de mon moral. Je m'efforce de la rassurer et m'enquiers d'Adrien. D'après
10 ses lettres, il va bien. Blessé comme moi à deux reprises, il se débrouille pour survivre dans les tranchées. Je connais ce refrain. Aussi le grincement du portail sonne-t-il comme une délivrance.

Je sors sur le perron, le cœur battant à coups redoublés.

– Lucie !
15 Elle n'a pas changé et elle se tient là, devant moi, en robe fleurie, un panier au bras, son joli visage encadré de boucles brunes illuminé d'une joie soudaine.

– Eugène !

Je n'ai pas le temps de réfléchir. Elle se jette à mon cou et je
20 la serre contre moi, mêlant mon rire au sien, toutes mes peurs envolées.

– Pour combien de temps es-tu là ? s'inquiète-t-elle.

– Une petite semaine.

– Tu auras tout le temps de repasser me voir, alors ?
25 – Bien sûr, mais…

Je m'interromps, indécis. Sait-elle que sa mère… ?

– Pourquoi attendre ? s'écrie une voix derrière nous.

Mme Duchemin se tient sur le seuil, droite et ferme comme autrefois.
30 – Pourquoi attendre ? répète-t-elle. Lucie va tuer un lapin. Viens manger avec nous ce soir et amène ta mère. Cela nous fera plaisir de vous avoir tous les deux à dîner.

---

2 **replier** wieder zusammenfalten – 10 **à deux reprises** *fpl* deux fois – 12 **une délivrance** une libération – 16 **un panier** Korb – 16 **une boucle (de cheveux)** Locke – 26 **indécis** hésitant – 30 **un lapin** Kaninchen

Lucie nous regarde tour à tour, sa mère et moi. Sur son visage, la surprise laisse place à un sourire ravi.

– Ce soir ? Mais c'est une idée formidable ! Tu ne peux pas refuser, Eugène.

5 Chère Lucie ! Il y a tant de joie dans ses yeux.

Non, je ne peux pas refuser.

Ce soir-là, donc, nous avons dîné d'un lapin aux pruneaux et d'une délicieuse tarte aux pommes de ma mère. Durant le repas, la conversation a tourné autour des travaux du pays, des labours
10 et des vendanges toutes proches. Pour la première fois depuis longtemps, la guerre m'a semblé loin, très loin.

Puis Lucie m'a conduit dans le jardin pour me montrer son petit potager. Sur la tonnelle du puits, du raisin blanc mûrit doucement.

15 – Ce n'est pas celui du père Magotte, bien sûr, s'excuse-t-elle. Mais je pense qu'il sera bon à manger en grappe.

Je détache un grain et laisse le jus se répandre dans ma bouche. Depuis combien de temps n'ai-je pas goûté un fruit frais ?

– Il est délicieux.

20 – Cueilles-en alors, et tant que tu veux, dit Lucie. Si je t'en envoyais au front, il t'arriverait pourri.

Je prends la pleine poignée qu'elle me tend. Dans le soleil couchant, ses cheveux prennent un éclat flamboyant. Je songe à ses lettres qui me faisaient oublier un instant les tranchées.

25 Je lui effleure la joue.

– Tu n'as pas besoin de m'envoyer quoi que ce soit. Tu m'écris, c'est déjà beaucoup. Je ne veux rien d'autre.

Elle a un sourire triste.

---

2 **ravi** très content – 7 **un pruneau** Backpflaume – 13 **un potager** un coin du jardin où on fait pousser des légumes – 13 **une tonnelle** Laube – 13 **un puits** Brunnen – 13 **mûrir** reifen – 20 **cueillir** pflücken – 21 **pourri** verfault – 22 **une poignée** *ici :* Handvoll – 23 **flamboyant** leuchtend – 25 **effleurer** toucher légèrement

– Je préférerais vivre toujours à Saint-Pothin, mais je suis là pour aider ma mère. Quand la guerre finira, Adrien reviendra et je devrai certainement retourner en ville chercher une place.

D'un geste machinal, elle arrache quelques feuilles de vigne
5   morte qui s'envolent au vent.

– Parce que la guerre finira un jour, pas vrai, Eugène ?

C'est étrange de penser que la guerre aura une fin, plus étrange encore de l'entendre dire. Chaque fois que les obus pleuvent, que je sors de la tranchée pour courir au milieu des balles, je
10 ne pense pas un instant pouvoir vivre la dernière bataille.

Et pourtant, je continue à me battre.

C'est que l'espoir, l'espoir inouï de pouvoir revenir un jour, définitivement, au pays, survit en moi comme le moteur qui me relance, qui me donne la force de tenir, encore et encore.

15 – Dis-moi que la guerre finira, Eugène.

Le regard de Lucie est suppliant.

Je lui prends la main. Elle est glacée. Je la presse, fort, entre les miennes.

– Oui, Lucie. La guerre finira.

20 Encore une fois, je la serre contre moi. C'est doux, comme une accalmie dans la tempête. Alors je n'ai plus envie de lutter.

Un léger tintement m'arrache un sursaut.

Un cycliste gravit le chemin en zigzaguant entre les ornières. La nuit est tombée mais je n'ai pas de mal à distinguer, sous la
25 visière de la casquette, un nez busqué et une petite moustache. *Lui !* Mes poings se crispent. Nous a-t-il vus ? Accélérant soudain, il longe la barrière à grands coups de pédale et disparaît au tournant d'un châtaignier.

Je me tourne vers Lucie, tremblant de colère :

30 – Qu'est-ce qu'il fait ici, celui-là ?

– Octave Simonnet ? Il rentre chez lui. Son père loue chez les Grange, derrière la colline.

---

4 **machinal** mécanique – 4 **arracher** herausreißen – 16 **suppliant** flehend – 17 **presser** *ici :* drücken – 21 **une accalmie** une phase plus calme – 25 **une visière** Schild – 25 **busqué** Haken- – 26 **un poing** Faust – 26 **se crisper** *ici :* sich ballen

– Tu le connais ?

Elle hausse les épaules.

– Un bonjour par-ci, par-là… Ma mère a beaucoup d'estime pour lui depuis qu'il a cerclé la roue de la brouette. C'est vrai qu'il travaille bien.

– Ton frère aussi travaillait bien !

La colère m'étrangle.

– Lui, c'est… c'est un *planqué*.

– Je sais. Et je m'en moque. Ce n'est pas lui que j'aime.

Lucie a posé une main sur mon bras. Je n'ose pas la regarder.

– Je n'ai pas peur d'attendre, dit-elle doucement. J'attendrai la fin de la guerre, j'attendrai tout le temps qu'il faudra.

Je devrais être heureux, la serrer dans mes bras comme tout à l'heure, lui dire que je l'aime aussi, depuis si longtemps, et si désespérément, mais je ne réponds rien.

Je pense à Matthias, à Antoine, au vieil Émile et au grand Jules, aux croix qui sèment les chemins et aux tranchées que je vais retrouver la semaine suivante dans la boue et les tirs.

Et je me répète les paroles de Rémi : *ma copine m'a lâché… ça fait l'affaire de ces trous du cul de planqués.* Octave, invité à dîner par Mme Duchemin. Lucie, courtisée par ce lâche ! Matthias se retournerait dans sa tombe. L'angoisse m'étreint, implacable : si je ne reviens pas, c'est ce qui se passera à coup sûr, et je n'y pourrai rien.

Les jours suivants, j'essaie de chasser ces sombres pensées en me gavant de sommeil, d'air pur et de la cuisine de ma mère.

Tous les après-midi, je rends visite à Lucie. Je bine le potager et je dresse une autre claie pour soutenir sa vigne. Je vais voir le père Fayolle, aussi. Je cure l'étable et j'aide à laver les bennes

---

3 **l'estime** *f* le respect – 4 **cercler** *ici :* entourer une *roue* (Rad) d'un *cercle* (Kreis) de bois ou de métal – 4 **une brouette** Schubkarre – 7 **étrangler qn** *ici :* jdm die Kehle zuschnüren – 22 **étreindre** *ici :* packen – 23 **implacable** erbarmungslos – 26 **se gaver de sommeil** *m* dormir beaucoup – 27 **biner** hacken – 28 **une claie** Weidengeflecht – 29 **curer** nettoyer, laver – 29 **une benne** Großbehälter

à raisin en prévision des vendanges. Dimanche, enfin, je fête mes retrouvailles avec Jean-Marie par un grand pique-nique sur la colline.

Mais, déjà, le moment de repartir est venu. Lucie m'accom-
5 pagne à la gare. Pour calmer mes angoisses, j'emporte son sourire et sa promesse de ne jamais me laisser sans nouvelles.

À Verdun, les jours s'écoulent désormais bien lentement, trop lentement à mon goût. Je garde l'œil fixé sur le calendrier. Ma prochaine permission doit avoir lieu au courant du printemps
10 de 1918, je l'attends avec impatience.

Prenant la relève d'Émile, j'ai monté une petite forge et ciselé un bracelet dans un éclat d'obus. Je l'imagine déjà au poignet de Lucie, comme une part de moi qui ne la quittera jamais, même lorsque je serai reparti loin d'elle, dans les brumes
15 mortelles du front. Je suis décidé à faire ma demande en mariage le plus tôt possible pour éloigner les menaces.

Le 27 mai, enfin, je peux envoyer une carte annonçant mon arrivée pour le 31.

11 **une forge** Schmiede

Chapitre 12

Au bout de l'enfer

– Tu en as de la chance ! soupire Rémi.

Il est neuf heures, ce 28 mai, et je prépare mon sac en hâte. La cave où nous sommes cantonnés est humide et sent le fumier
5 pourri. Je ne serai pas fâché de partir, mais je réponds pour lui faire plaisir :

– Bah ! je serai vite de retour.

Des pas dans l'escalier. Notre lieutenant apparaît sous la voûte.

– Ruy !
10 – Oui, mon lieutenant ?

– Toutes les permissions sont annulées, vous pouvez écrire à votre famille. L'ennemi a percé sur le Chemin des Dames, on nous appelle en renfort. Départ dans une demi-heure.

Un grand silence est tombé sur la cave. Je regarde le quart
15 que je m'apprêtais à fourrer dans le sac, les ficelles du rabat qui pendouillent.

C'est impossible ! Pas maintenant !

Les autres rassemblent leurs affaires en grognant. Rémi pose une main sur mon épaule.
20 – Courage, Eugène.

Je finis mon paquetage et nous quittons la cave sans un mot.

Le train file vers l'ouest à grands jets de vapeur. Nous sommes entassés dans les wagons. Quelques camarades chantent, mais la plupart sont muets, le visage tourné vers la porte ouverte où
25 le paysage ensoleillé défile. Je suis de ceux-là. Encore hébété

---

1 **l'enfer** *m* Hölle – 3 **en °hâte** rapidement – 4 **une cave** Keller – 4 **humide** feucht – 4 **le fumier** Mist – 8 **une voûte** Gewölbe – 12 **percer** *ici :* durchbrechen – 15 **une ficelle** Schnur – 15 **un rabat** Klappe – 16 **pendouiller** herumbaumeln – 18 **grogner** murren – 22 **la vapeur** Dampf – 23 **entassé** zusammengepfercht – 25 **hébété** benommen

par la nouvelle, je cherche un espoir auquel me rattacher mais ma joie, anéantie en un instant, a laissé un grand vide dans mon cœur.

D'un geste mécanique, je griffonne *Permission annulée* au
5 dos de la seule carte qu'il me reste et j'indique l'adresse de la maison. Mais c'est à ma chère Lucie que je pense, à sa déception. Et l'ombre d'Octave a resurgi, ricanante. Oh ! Il peut rire. Il peut rire tant qu'il veut. Prisonnier de ce train qui m'emmène vers l'inconnu, où la mort m'attend peut-être, je suis impuissant
10 désormais.

À la descente du train, nous ingurgitons debout une gamelle de soupe, puis nous montons dans les camions de troupe qui nous conduisent, bringuebalants, jusqu'à un village où nous prenons nos quartiers dans une vaste grange.
15 Les habitants nous font bon accueil. J'ai l'impression étrange que la guerre vient tout juste de commencer. Ici, pas de tranchées, pas de boue ni de barbelés. À perte de vue, des champs et des prés verdoyants. Le clocher du village, intact, se dresse vers le ciel. Nous sommes loin, très loin derrière les lignes
20 du front que nous connaissons. Un coup au cœur, je réalise que les Allemands ont avancé à grands pas.

Je fais le tour de notre nouveau cantonnement. Les hommes d'un régiment voisin ont creusé des trous le long d'un chemin bordé de pommiers, en contrebas de la grange. Leurs guetteurs
25 fixent l'horizon, par-delà les champs, d'où monte une sourde rumeur de bombardements.

En début de soirée, le paysage s'anime. Des milliers de points noirs ont jailli du bout des prés et semblent converger dans notre direction. Un homme de liaison se précipite vers le
30 capitaine, à bout de souffle.

---

2 **anéanti** vernichtet – 7 **ricanant** hämisch grinsend – 11 **ingurgiter** boire/manger vite – 13 **bringuebalant** klapprig – 14 **une grange** Scheune – 18 **un clocher** Kirchturm

– Ordre de repli ! Ordre de repli général !

Sur la route, les points noirs sont devenus des silhouettes, des colonnes d'hommes en uniforme bleu horizon, les uns valides, les autres blessés, soutenus par leurs compagnons, tout un régiment en marche.

5

– Les Boches ! Les Boches arrivent !

Un lourd vrombissement me fait lever les yeux vers le ciel. Les ailes frappées d'une croix noire et les hélices tournoyantes, un avion de reconnaissance allemand* pique droit sur nous.

10 C'est la première fois que j'en vois un d'aussi près. Il décrit un long cercle au-dessus du chemin, tel un insecte qui chercherait le meilleur endroit où piquer. Nos canons ont beau tirer, il s'éloigne sans une égratignure.

Il n'y a plus de temps à perdre. Nous rejoignons en courant la colonne de retraite, alors que les premiers obus tombent déjà sur la route.

15

C'est la panique. Nous courons, tassés les uns contre les autres. Les blessés s'effondrent en hurlant. Les obus continuent à pleuvoir. L'un d'eux frappe de plein fouet la tête de la colonne.

20 Écrasés par le souffle, nous roulons dans un fossé. Un soldat s'affale sur moi.

– Eh ! Joseph, fais gaffe !

Mais les yeux de mon camarade ne me voient déjà plus. Ils restent tournés, sans vie, vers le ciel où les bombardiers passent

25 à l'attaque, comme pour leur lancer un dernier défi. J'abaisse

---

* Très tôt, les *belligérants* (ceux qui font la guerre) avaient compris l'importance de la maîtrise du ciel pour s'assurer le contrôle des opérations à terre. À partir de 1915, l'emploi des avions pour des missions de reconnaisance, de chasse ou de bombardement s'intensifia pour devenir systématique.

---

1 **un repli** Rückzug – 7 **un vrombissement** Dröhnen – 8 **une aile** Flügel – 8 **une hélice** Propeller – 9 **la reconnaissance** *ici :* Aufklärung – 9 **piquer sur qc/qn** auf etw/jdn niederstürzen – 13 **une égratignure** Kratzer – 20 **un fossé** Graben – 21 **s'affaler** se laisser tomber – 25 **un défi** Herausforderung

son casque sur son visage. Une explosion nous éclabousse et un officier me fait relever en hurlant :

– Tirez-vous de là ! Ou on va tous crever !

Nous nous remettons à courir sans voir où nous mettons les
5 pieds. Se sauver. C'est tout ce qui compte.

Nous marchons toute la nuit, harcelés par les tirs des avions ennemis jusqu'à ce que l'un d'eux aille s'écraser au sol dans une énorme explosion : notre chasse est entrée en action. L'aube se lève sur un ciel limpide et nous faisons halte à l'orée d'un bois,
10 sur la rive nord de la Marne.

J'erre, les pieds en sang, entre les groupes d'hommes avachis sous les arbres, à la recherche d'un visage connu. Artilleurs et fantassins se sont mélangés dans la déroute, et je ne croise que des faces égarées, meurtries, ravagées par l'horreur et le
15 désespoir. Soudain, mon cœur fait un bond douloureux.

Rémi !

Il est allongé au pied d'un arbre. Épuisé, sans forces, mais vivant. Je le serre dans mes bras en pleurant.

– Les anciens disent que c'est la retraite, me souffle-t-il. La
20 retraite de 14.

Je ne réponds rien. Nous avons parcouru près de vingt kilomètres, sans nous arrêter, sans boire, sans manger. Notre compagnie est décimée. Et à l'est, le bombardement se poursuit. Des nuages de feu roulent à notre rencontre avec le soleil levant.
25 Rémi a raison. La fin a commencé. Nous arrivons au bout, tout au bout de l'enfer.

---

1 **éclabousser** bespritzen – 6 °**harcelé** *ici :* dauernd angegriffen – 7 **s'écraser** *ici :*
abstürzen – 9 **limpide** clair, sans nuages – 9 **l'orée** *f* **d'un bois** Waldesrand – 11 **errer**
marcher sans but – 11 **avachi** schlaff – 13 **la déroute** Flucht – 14 **égaré** perdu –
14 **meurtri** blessé – 17 **épuisé** très fatigué

Chapitre 13

La dernière bataille

Des semaines durant nous avons trimé, creusé des fossés, dressé des murs de sacs et de bois, préparé les appuis de la contre-attaque.

5   En ce 15 juillet, le silence est lourd. Pas un bruit, pas une canonnade. Nous attendons. Deux heures par jour, je scrute le terrain depuis la fente de mon poste de guet. La plaine déroule son long tapis d'herbe grasse, retournée çà et là par les obus, jusqu'à un petit bois embroussaillé. À travers l'air brûlant, saturé 10 de nuages de mouches, les arbres semblent onduler. L'ennemi est là, caché derrière les feuillages épais.

   La sueur me perle au front et coule le long de mon nez. Sans cesse, je décroche ma gourde pour boire. L'eau tiède a un goût d'acier qui ne me rafraîchit pas.

15   À l'heure de la relève, je rejoins Rémi dans notre trou. Nous restons allongés, en chemise, le fusil à portée de main. Il n'y a rien d'autre à faire qu'à goûter la fraîcheur éphémère du sous-bois en attendant d'être appelés à une corvée quelconque.

   Rémi jette sa cigarette et me tend un journal.

20   – Lis ça. Les Boches sont à deux jours de marche de Paris.

   – Comme en 14.

---

2 **trimer** *fam* travailler dur – 3 **un appui** *ici :* Stützpunkt – 6 **scruter** observer très attentivement – 7 **une fente** *ici :* Schlitz – 9 **embroussaillé** mit Gestrüpp zugewachsen – 10 **une mouche** Fliege – 10 **onduler** wogen – 13 **tiède** lauwarm – 14 **l'acier** *m* Stahl – 17 **éphémère** qui ne dure pas longtemps – 17 **un sous-bois** Niederwald

– Ils frappent encore avec leurs Bertha*...

Je parcours l'article, croyant entendre Matthias : *les Allemands étaient tout près de Paris, tu te rends compte ? On les a repoussés sur la Marne !* S'il doit y avoir une deuxième bataille de la Marne,
5 elle sera décisive. On ne repartira pas pour quatre nouvelles années de guerre.

Perchés dans les saules, les oiseaux chantent. Les insectes vont et viennent sur les troncs. Plus loin, des bandes de corneilles s'abattent à grands cris dans les prés. Le soleil de l'après-midi
10 est toujours plus chaud.

À Saint-Pothin, c'est l'heure de partir pour les champs. On fanera jusqu'à la tombée du jour. Le crépuscule venu, les charrettes remplies de foin odorant cahoteront sur le chemin de la ferme Fayolle, et les grillons surpris se tairont un instant
15 sur leur passage. Comment croire qu'une bataille à mort se prépare ? Une dernière bataille où chacun n'aura qu'une alternative, vaincre ou mourir ?

Mais le soir, le soleil passe dans notre dos, embrasant de ses derniers rayons les feuillages du bois opposé. Je glisse dans le
20 sommeil, serrant dans ma main la dernière lettre de Lucie :

Garde-toi ! J'ai rempli un plein panier de pêches. Tu pourras les goûter, si tu reviens bientôt.

---

* Il s'agissait de canons à longue portée montés sur plateformes, capables d'envoyer un obus à 108 kilomètres après une *trajectoire* (Flugbahn) *courbe* (gekrümmt) de 148 kilomètres. Pour *affecter* (*ici* : schaden) le moral tant des troupes que de la population et *appuyer* (*ici* : unterstützen) les offensives qu'ils entreprenaient, les Allemands les employèrent sur la capitale à partir de janvier 1918. Les Parisiens surnommèrent ces canons « Grosses Berthas », en référence à la fille de leur fabricant, l'industriel allemand, Krupp.

---

5 **décisif** entscheidend – 7 **un saule** Weide – 8 **une corneille** Krähe – 9 **s'abattre** sich stürzen – 12 **faner** Heu machen – 12 **le crépuscule** le moment juste avant la tombée de la nuit – 13 **le foin** Heu – 13 **cahoter** holpern – 14 **un grillon** Grille – 18 **embraser** glutrot färben – 21 **se garder** *ici :* faire attention à soi – 21 **une pêche** Pfirsisch

Je suis revenu et je cours vers la maison Duchemin. À l'étage, des volets s'ouvrent. Lucie agite un tapis rouge sang. Je me jette contre le portail mais il refuse de s'ouvrir. Le ciel, au-dessus de la maison, est tout rouge. Des essaims de mouches vrombissent,
5 haut, très haut. Tout à coup elles fondent sur la maison. Le toit vole en morceaux, les murs s'écroulent…

– Eugène !

Rémi me secoue sans ménagement. Dans le ciel, les fusées multicolores éclatent comme des feux d'artifice. La terre tremble,
10 les parois de l'abri s'effritent.

La plaine a disparu. Sur toute la ligne d'horizon, des geysers de terre montent en tourbillonnant à des dizaines de mètres. Et le barrage fonce droit sur nous.

Notre adjudant saute de trou en trou.
15 – Tenez vos positions !

Aussitôt après, il disparaît dans un nuage de feu. Hébété, je pointe mon fusil sur le souffle de fer et de poussière. Je n'entends plus rien, je ne vois plus rien.

Le nuage s'est dissipé.
20 Il y a quelque chose au bout de mon fusil. Cela ressemble à une main.

Rémi.

Devant notre trou, à quelques pas, une forme sombre se tord de douleur.
25 – Rémi !

Je rampe vers lui sans faire attention aux éclats des fusées qui retombent en brûlant. Il a perdu son casque. Son visage est couvert de terre.

– Rémi ! Réponds-moi !
30 Il lève péniblement les yeux.

---

2 **un volet** Fensterladen – 2 **un tapis** Teppich – 4 **un essaim** Schwarm – 4 **vrombir** brummen – 5 **fondre sur qc/qn** sich auf etw/jdn stürzen – 6 **voler en morceaux** *mpl* in Stücke gehen – 8 **secouer** schütteln – 8 **sans ménagement** *m* énergiquement, ≠ en douceur – 13 **un barrage (roulant)** voir p. 66 – 14 **un adjudant** Oberfeldwebel – 19 **se dissiper** disparaître

– Laisse-moi, Eugène. Je vais mourir.

– Non ! Tu ne vas pas mourir.

Des morts, il y en a déjà eu trop. Tous ces êtres chers que je
ne compte plus, et les autres. Plus que mon cœur ne peut le
5 supporter. La colère s'est emparée de moi. Non ! Rémi n'en fera
pas partie. Je serre les dents.

– Je ne t'abandonnerai pas, tu entends ? Je vais te ramener au
trou.

– Ma main ! gémit Rémi.

10 Sans l'écouter, je l'empoigne par les épaules.

– Accroche-toi !

Vite, aussi vite que je peux, je le traîne sur les quelques mètres
qui nous séparent de l'abri.

– Ma main ! hurle Rémi. Ma main !

15 Je saute dans le trou.

– Tiens bon ! On y est presque.

Je n'ai pas le temps de le tirer à ma suite. Quelque chose m'a
happé les jambes. Le souffle coupé, je ne songe même pas à me
débattre. L'étau de douleur se referme et je bascule dans le néant.

---

10 **empoigner** packen – 18 °**happer** erfassen – 19 **un étau** Schraubstock *(ici : fig)* –
19 **le néant** Nichts

Chapitre 14

Convalescence

J'ai vu des visages inconnus, des bouts de ciel bleu et des voûtes sombres trouées d'étoiles. Puis, de nouveau, la nuit est tombée.

Quand le jour revient, je suis seul, allongé dans un lit entouré de paravents. Une fenêtre ouverte laisse entrer un air tiède et le chant espiègle d'un merle. Des taches de soleil glissent sur les murs. Je me frotte le crâne, sans parvenir à me rappeler : que m'est-il arrivé ?

Un paravent bouge et une infirmière toute vêtue de blanc apparaît. Elle a des joues roses et un bon sourire.

– Bienvenue à l'hôpital militaire de Châlons-sur-Marne ! Vous avez repris vos esprits ?

– Pas complètement. Qu'est-ce que j'ai ?

Je tends le bras pour attraper le verre d'eau posé sur une petite table, à côté du lit, mais l'infirmière se précipite.

– Holà ! Vous allez rouvrir vos plaies, à gigoter comme ça ! Vos jambes étaient criblées d'éclats, et c'est un miracle que le major ait pu vous les ravoir. Autant dire que vous ne remarcherez pas de sitôt.

Je risque un regard, retenant mon souffle… Mes jambes sont couvertes d'énormes pansements. Je me rappelle maintenant : l'étau, la chute interminable…

Pour la première fois, je ressens une grande angoisse.

– Est-ce que… Est-ce que la guerre est finie pour moi ?

L'infirmière rit en prenant ma température :

1 **la convalescence** Genesung – 2 **une voûte** Gewölbe – 3 **une étoile** Stern – 6 **espiègle** schelmisch – 6 **un merle** Amsel – 16 **une plaie** Wunde – 16 **gigoter** bouger – 17 **criblé de** *ici :* couvert de – 21 **un pansement** *ici :* Verband – 22 **une chute** le fait de tomber

– Rassurez-vous, dès que vous pourrez marcher, vous regagnerez le front.

– Et ça prendra combien de temps ?

– Vu votre état, au moins deux mois.

5 Deux mois ! Je retombe sur l'oreiller, saisi de sueurs froides. Deux mois ! Que vais-je devenir, loin de ma compagnie, de mes camarades ? De Rémi…

Rémi ! Son visage couvert de terre. C'était pour tenter de le sauver que j'avais quitté le trou !

10 Je me redresse, le cœur battant.

– J'ai un camarade…

– Rémi Châtanay ?

Je regarde l'infirmière, stupéfait :

– Comment le savez-vous ? Il est ici ?

15 – Oui, et il a déjà demandé de vos nouvelles.

Sauf ! Rémi est sauf ! Le soulagement est tel que les larmes me viennent aux yeux.

– Comment va-t-il ?

– Bien, mis à part le fait qu'il a perdu une main…

20 Pauvre Rémi ! Je n'avais donc pas rêvé… J'ai le cœur serré.

– Vous pouvez lui transmettre mon bonjour, si vous le voyez ? dis-je à l'infirmière.

– Bien sûr. Et vous, ajoute-t-elle avec un clin d'œil, si vous avez besoin de quoi que ce soit, ne jouez pas les équilibristes,

25 demandez-moi : je m'appelle Marie.

Marie partie, je reste seul avec mes pensées. Elles sont sombres. Comment prévenir ma mère et mon frère et surtout ma chère Lucie de mon état ? Après la visite du médecin qui trouve mes blessures en bonne voie de guérison, j'ai droit à faire

30 mon courrier. J'essaie d'être convaincant :

16 **sauf, sauve** sauvé, survivant – 24 **un équilibriste** un acrobate – 29 **la guérison** Heilung

Ne vous inquiétez surtout pas pour moi. Je me sens bien et je suis plein de courage. Dans quelques semaines tout ira mieux.

Puis Marie m'apporte des journaux. Un communiqué indique : *la perfide attaque de l'ennemi a été contenue sur les rives de la* 5 *Marne. Vaillamment, nos armées ont lancé la contre-offensive.*

Je n'en reviens pas. Je songe avec amertume aux camarades qui participent maintenant à cette grande bataille. Moi, je suis allongé, immobile, les yeux fixés sur le plafond d'une chambre d'hôpital.

10 Et je pleure sans bruit.

– Eugène… tu dors ?

J'ouvre les yeux. Un jeune homme en chemise, les joues rasées de frais, est penché sur moi. J'avise le gros bandage noué à l'extrémité de son bras gauche.

15 – Rémi !

Nous échangeons un sourire bizarre, mélange de joie et de tristesse. Ses doigts sont moites dans les miens.

– Comment vas-tu ? demande-t-il.

– Ça peut aller… Et toi ?

20 Il baisse les yeux.

– Je te dois beaucoup… Si tu n'étais pas venu me chercher, je serais mort.

– Ne dis pas ça !

– C'est pourtant vrai…

25 Les larmes mouillent son visage, il ne les retient pas. Je lui bourre l'épaule, essayant de rire.

– Enfin, Rémi ! Entre camarades, c'est bien normal !

Mais j'ai la gorge nouée, moi aussi.

Rémi essuie ses tempes d'un geste vif.

---

4 **contenir** *ici :* retenir, arrêter – 4 **une rive** Ufer – 5 **vaillamment** courageusement –
6 **ne pas en revenir** être très surpris – 6 **l'amertume** *f* Bitterkeit – 13 **un bandage**
Verband – 17 **moite** feucht – 21 **devoir qc à qn** *ici :* jdm etw verdanken – 29 **une tempe**
Schläfe

– Je n'ai pas à me plaindre, poursuit-il d'un ton plus calme. Le docteur m'a parlé d'une sorte de prothèse. Avec un peu de chance, je pourrai reprendre mon travail à l'usine…

– … et la chasse aux filles ! Les planqués n'ont qu'à bien se tenir…

Cette fois, il rit.

– Arrête tes conneries ! C'est sûr, maintenant : je suis démobilisé. Demain, je rentre à Vienne.

– Tu promets de m'écrire ?

– Bien entendu ! Tu me raconteras…

– Je l'espère ! Je ne regagnerai pas le front avant des semaines. Quelle poisse !

Rémi hoche la tête tristement. Dans son regard, je vois les deux années que nous avons passé ensemble, les moments d'horreur et les petits bonheurs, la lassitude, le dégoût et l'espoir inavoué, tous ces sentiments partagés qui nous ont soudés.

Je ne me sens plus seul.

À midi, je me régale d'œufs sur le plat et de pêches mûres que Marie m'apporte sur une petite table. Cela faisait longtemps que je n'avais pas mangé de si bon appétit..

Pendant quinze jours, je ne fais que manger, dormir et lire les journaux. Le moment le plus difficile est la visite quotidienne du médecin. Il faut changer les pansements, et le seul fait de toucher mes blessures m'arrache des grimaces. Mais une surveillance accrue est nécessaire pour éviter la gangrène. Petit à petit, on me fait asseoir sur le lit, remuer les jambes et les pieds.

Un soir d'août, enfin, je peux me mettre debout et faire quelques pas à travers la chambre.

---

12 **la poisse** *fam* ≠ la chance – 15 **la lassitude** une fatigue morale – 16 **inavoué** qu'on n'*avoue* pas (gestehen) – 16 **souder** (zusammen)schweißen – 18 **un œuf sur le plat** Spiegelei – 25 **accru** *ici :* fort, important, régulier – 25 **la gangrène** Wundbrand

Depuis que je peux marcher, Marie m'accompagne régulièrement dans le parc de l'hôpital goûter la tiédeur des fins d'après-midi d'été.

Le long des allées bordées de grands arbres, des blessés promènent leur corps meurtri, appuyés sur des béquilles ou soutenus par des compagnons. Beaucoup ont perdu un bras ou une jambe, certains les deux. Les infirmières poussent leur petit fauteuil roulant sous les voûtes de feuillage, et chaque fois je remercie en pensée le major d'avoir réussi à sauver les miennes. Parfois je croise le regard de ces hommes à la tête enturbannée, et j'ai presque honte de ma chance. Même si je dois boiter à vie, je retrouverai ma famille, mon village. Je reprendrai mon travail et je me marierai. Comment feront-ils, ceux que la guerre a défigurés ? Leurs proches les reconnaîtront-ils seulement ? Dans ces moments-là, j'ai l'impression que l'espace du parc se resserre autour de moi. Le souffle court, je cherche un peu d'air dans la vue du ciel où voguent des nuages blancs. Finalement, je me lève et je rejoins le calme de ma petite chambre, loin de cette détresse qui me fend le cœur.

À force de volonté, je fais de rapides progrès : fin septembre, je marche presque sans appui.

Je suis avidement les communiqués dans les journaux. Les nouvelles du front sont meilleures chaque jour, meilleures que tout ce que j'avais pu espérer jusqu'à présent. Partout, sous la pression des armées alliées, les Allemands se replient. Il me tarde de rejoindre mes camarades du 419e régiment d'infanterie, pour la première fois victorieux de bout en bout, après tant de souffrances !

Lorsqu'on me propose une permission dans mes foyers, je suis déchiré. Je pense à Lucie, à ma mère et à Jean-Marie, au

---

5 **meurtri** blessé – 10 **enturbanné** → un turban – 11 **boiter** hinken – 14 **défigurer** das Gesicht entstellen – 19 **la détresse** Verzweiflung – 22 **avidement** impatiemment – 30 **déchiré** *ici :* zwiegespalten

calme des soirées au coin du fourneau dans la maison de notre enfance. Mais l'envie de participer à la victoire finale est trop forte. Mes peurs se sont volatilisées comme par magie. Tout mon être est tendu vers ce but qu'enfin je crois toucher.

5   Quand, le 1er octobre, je reçois mon ordre de réincorporation, je saute presque de joie.

Le moment tant attendu est venu.

---

3 **se volatiliser** disparaître – 5 **une réincorporation** une nouvelle *incorporation* (Einberufung)

Chapitre 15

Les champs du souvenir

Quels mots pourraient exprimer ma déception ? Je suis affecté à l'arrière ! Dans un bataillon de réserve cantonné dans une ferme en Champagne ! Alors que mes camarades de la 3ᵉ
5 compagnie marchent vers l'avant, quelque part au nord…

Je retrouve bien malgré moi une vie tranquille, constituée de revues, de tours de guet et de corvées. Si j'avais su, j'aurais accepté la permission. Mais il est trop tard pour revenir en arrière. Je prends donc mon mal en patience.

10 Aux moments de repos, le grondement lointain des canons bourdonnant aux oreilles comme un appel sans fin, j'erre parmi les trous d'obus des combats de l'été, dans les champs labourés par les tirs où l'herbe repousse dru et ploie dans le vent. Je ramasse de menus objets, des douilles et des quarts cabossés,
15 des boutons d'uniformes de 1914, pour m'en débarrasser trois mètres plus loin. Je marche entre les tombes et les croix tordues, à la recherche d'un nom connu, sans pouvoir toujours déchiffrer les inscriptions à moitié effacées par les intempéries. Et je finis, morose, par rejoindre ma compagnie qui se chauffe autour d'un
20 grand feu à l'entrée de la grange, car novembre a ramené le froid sur la plaine.

Le matin du 11, nous sommes appelés pour la revue dans un pré attenant à la ferme. Le capitaine tient un papier à la main.

---

2 **la déception** Enttäuschung – 13 **dru** *ici :* reichlich – 14 **menu** petit – 14 **une douille** Hülse – 14 **cabossé** abîmé, déformé – 15 **se débarrasser de qc** etw loswerden – 16 **tordu** verbogen, krumm – 17 **déchiffrer** entziffern – 18 **les intempéries** *fpl* le mauvais temps – 19 **morose** mélancolique, triste – 20 **une grange** Scheune

Il a une grande nouvelle à nous annoncer : l'armistice vient de rentrer en vigueur.

À ces mots, il n'y a ni cris de joie ni flots de larmes. Nous restons immobiles, au garde-à-vous. Quatre ans de souffrances et d'horreurs viennent de prendre fin. Nous avons peine à le croire.

Je n'aurai pas participé à la grande offensive de la victoire que j'attendais, pour laquelle je m'étais battu et j'avais tenu durant toutes ces années. Mais le soulagement est plus fort que les regrets. Qu'importe, au fond, que j'aie vécu ou non ce grand moment, le plus important est que la guerre, cette effroyable grande guerre, impensable de mémoire d'homme, est finie et que j'y ai survécu. Je vais retrouver ma famille sain et sauf, et pour toujours en paix.

Dans mon cœur, le bonheur renaissant est comme une petite étincelle au creux des ténèbres. Je le sens grandir, grandir tandis que la pluie commence à tomber, dégouline de mon casque et trempe mon uniforme. Il balaiera tout sur son passage. Ce sera ma seule, mon unique victoire.

Après viendra ce vide à l'âme, cette pensée longue et douloureuse pour tous ceux qui n'ont pas vécu pour connaître ce jour. Les visages que j'ai laissés derrière moi sont trop nombreux pour que je puisse les voir nettement. Ils flottent tels des ombres dans la brume des temps.

La pluie, pourtant, a cessé.

Ce sont mes propres larmes qui pleuvent, de longues larmes de tristesse et de joie.

---

1 **un armistice** Waffenstillstand – 4 **au garde-à-vous** in Habtachtstellung – 16 **une étincelle** Funken – 16 **les ténèbres** *fpl* la nuit noire – 17 **dégouliner** tropfen – 18 **tremper** nass machen – 18 **balayer** *ici :* den Weg räumen – 20 **le vide** Leere – 20 **l'âme** *f* Seele – 23 **flotter** *ici :* schweben – 24 **la brume** Nebel

Chapitre 16

Les noms d'or

C'est un samedi de juin 1920.

Il est dix heures quand je sors de l'église, Lucie à mon bras.

Dans la foule assemblée sur le parvis, il y a ma mère et mon
5 frère, Mme Duchemin et Adrien, Rémi et le père Fayolle qui
nous jettent du riz à pleines mains.

Lucie a les joues roses sous son voile blanc. Je l'embrasse et
tout le monde applaudit. Jean-Marie me taquine parce que je
ne cesse pas de triturer ma cravate. Depuis toutes ces années,
10 j'ai perdu l'habitude d'en porter.

Le cortège remonte la Grand-Rue en direction des Quatre-
Chemins. Le monument est là. Au centre du carrefour,
l'obélisque dresse fièrement la blancheur de son marbre dans
le ciel bleu.

15 Tout en haut, on peut lire ces mots : *À nos morts, 1914-1918.*
Sur les quatre faces s'égrènent les noms, gravés en lettres dorées,
de quatre-vingts hommes de Saint-Pothin.

Celui que je cherche est en début de liste : *Duchemin Matthias.
17 ans.*

20 Lucie a jeté son bouquet au pied du monument. Je détache
la rose rouge de la poche de mon veston. Puis, chacun, dans le
cortège, dépose une fleur, un brin de feuillage des bouquets de
fête. Je serre la main de Lucie dans la mienne.

– Un jour, nous irons en Argonne.

25 – Un jour…

---

4 **le parvis** Kirchenvorplatz – 7 **un voile** Schleier – 8 **taquiner qn** jdn necken – 9 **triturer**
knautschen – 11 **un cortège** Zug – 13 **le marbre** Marmor – 16 **s'égréner** se présenter un
à un – 20 **un bouquet** Strauß

Lucie me prend le bras. Nous repartons à travers le village, laissant derrière nous le monument dont les fleurs bruissent au vent.

Un à un, les pétales écarlates de ma rose se détachent du
5   cœur. Ils volettent un instant, légers et souples, dans les airs, puis s'éparpillent vers le ciel.

2 **bruisser** faire un léger bruit – 4 **un pétale** Blütenblatt – 6 **s'éparpiller** sich verstreuen

Catherine Cuenca

L'autrice est née en 1982. Elle a commencé à écrire dès l'âge de 8 ans et s'est passionnée très jeune pour l'histoire. Elle vit dans la région lyonnaise.

Du même auteur :

La guerre des ombres
Le crime de la pierre levée

Liste des abréviations

≠	antonyme de
→	mot de la même famille
etw	etwas
expr	expression
f	féminin
fam	familier
fpl	féminin pluriel
jdm	jemandem
jdn	jemanden
litt	littéraire
m	masculin
mil	militaire
mpl	masculin pluriel
qc	quelque chose
qn	quelqu'un
vulg	vulgaire
vx	vieilli